Lost Angel's Wassersport-Handbuch

Praktische Tipps für das feuchte erotische Vergnügen

Bibliografische Information der Deutschen Nationalbibliothek

Die Deutsche Nationalbibliothek verzeichnet diese Publikation in der Deutschen Nationalbiografie; detaillierte bibliografische Daten sind im Internet unter http://dnb.d-nb.de abrufbar.

ISBN 978-3-8391-7078-6

www.lostangel.ws
lost_angel@bigfoot.com

Umschlagbilder: Benjamin Schepens, Set me, Pixelio.de

Herstellung und Verlag: Books on Demand GmbH, Norderstedt

Alle Angaben in diesem Buch wurden mit größter Sorgfalt erarbeitet und zusammengestellt. Irrtümer und Fehler sind dennoch nie auszuschließen. Mitteilungen eigener Erfahrungen sind daher gerne gesehen. Haftung oder juristische Verantwortung sind jedoch ausdrücklich ausgeschlossen.

Inhalt

Vorwort   5

„Natursekt"???   8

„I'm singing in the rain"…   12

Blasentee und Schlimmeres   14

Nach dem Spielen aufräumen   17

Menschen im Hotel   22

Ins Bett machen, aber richtig   24

Erkennungszeichen   29

Wassersport-Trainungsanleitung   31

    1. Einführung   32

    2. Sprachgebrauch   34

    3. Was macht Spaß daran?   36

    4. Fair-Play   40

    5. Was ist drin?   42

    6. Wie steht's mit der Sicherheit?   44

    7. Wie kann ich's anpacken?   45

    8. Wie kann ich meinen Partner überzeugen?   48

    9. Was ist mit dem Geruch?   50

10. Was geschieht mit der Unordnung? 54

11. Wie werden wir intim? 57

Doktorspiele 57

Naßmassage 57

Nasse Umarmung 58

Goldene Dusche 59

Wettpissen 59

Das Baby wird gewaschen 59

Nilkatarakt (für sie) 60

Baumstamm im Amazonas (für ihn) 60

Der Brunnen der Venus (für sie) 61

Die Eiche wässern (für ihn) 61

Die Höhle fluten 62

Die speiende Schlange 63

Phantasien 63

Selbstbepinkelung 64

Es in Kleidern tun 64

Und da gibt's noch viel mehr 66

Nachwort 67

Vorwort

Schon immer hatte für mich Pinkeln an ungehörigen Orten und auf ungehörige Art und Weise etwas ungemein Erregendes. Als Kind hatte ich von sexueller Erregung natürlich keinerlei Ahnung, kannte auch vor dem Alter von 13 keine Orgasmen – doch konnte ich in bestimmten Situationen unerklärlicherweise einfach nicht pinkeln.

So wollte ich beispielsweise mit etwa 9 Jahren einmal gezielt meine Blase in den Sandkasten eines unangenehmen Nachbarsjungen entleeren – so etwas gehört sich ja nun also wirklich üüüberhaupt nicht, aber er war so ein blöder Kerl und genau deshalb wollte ich es tun: Er sollte zukünftig in nach Pipi stinkendem Sand spielen, denn sein Sandkasten war regengeschützt unter einem Dach und es wäre folglich nicht wieder hinausgewaschen worden. Doch ich konnte nicht pullern – mein Organ blockierte den erhofften Strahl. Ich hatte vor Vorfreude auf dieses verbotene Tun einen „Steifen" bekommen – natürlich ohne Ahnung, was es damit auf sich hatte.

Ebenso fand ich es faszinierend, als eine Nachbarstochter eines Tages im Garten ihre kleine Schwester direkt vor mir pinkeln ließ, natürlich mit dem Hinweis, gefälligst wegzuschauen. Der Strahl traf direkt vor ihrem weißen Kaninchen ins Gras. Und so ganz zufällig hatte sie mir ihre Schwester sicher nicht direkt vor die Nase gesetzt.

In der zweiten Klasse wiederum hatten wir einen „anonymen Pinkler" unter uns: Er erleichterte sich doch glatt regelmäßig in die Hausschuhe, die wir im Klassenzimmer zu tragen hatten und nach dem Unterricht dort stehen ließen. Iiih, was für eine Ferkelei…faszinierend! Hätte ich mich nie getraut, doch dafür pinkelte ich nun im Schüler-WC ebenso unartig nicht mehr in die Schüssel, sondern daneben – auf den Boden. Und das tat ich auch als Erwachsener noch manchmal, wenn ich etwas getrunken hatte oder eine Klokabine ohnehin etwas versifft war. Auch dies tun viele – nur die meisten würden es nie zugeben. Doch setzen halt nicht nur Hunde gerne „Duftmarken".

Auch als ich eines Tages mit voller Blase im Bett lag und überlegte, wie es wohl wäre, jetzt mal ganz unartig einfach einen kurzen Pipistrahl abzulassen, wurde mein kleiner Pullermann ganz groß und vereitelte dies...und irgendwann entdeckte ich dann natürlich, was passiert, wenn man dann trotzdem versucht, ein paar Tropfen Pipi hindurchzupressen...plötzlich konnte ich die Flüssigkeit nicht mehr aufhalten, doch war es eine andere geworden...

Dabei war ich immer ein sehr hygienischer Mensch, war auch kein Bettnässer – aus Versehen habe ich nie ins Bett gepinkelt, so lange ich mich erinnern kann. (An die Jahre, in denen wir alle noch in Windeln machen, habe ich keine Erinnerungen). Umso erregender fand ich es jedoch, es mit Absicht zu tun – natürlich nur ein paar Spritzer, die niemand auffielen, doch war so ein mühsam durch Pressen durch das steife Organ erkämpfter nasser Bauch ja so was von erregend und die Belohnung für diese Unartigkeit folgte schnell in Form eines heftigen Orgasmus...

Natürlich schämte ich mich für meine Art des Vergnügens, traute mich in und nach der Pubertät nicht mehr, Mädchen nahezutreten, wo ich es doch so gerne warm und naß mochte. Konnte mir nicht vorstellen, daß das eine akzeptieren, gar mögen könnte...

Tja, damals gab es leider keine Literatur, die einem erklärte, daß dies nun gar nicht ungewöhnlich, sondern ganz normal und harmlos ist. Abgesehen von ziemlich rüder, „harter" Pornografie, die es aber eben gerade als etwas ganz Schlimmes hinstellte. Dabei mögen nicht nur Jungs solche Pipi-Spiele, die Mädels mögen sie auch.

Nicht alle, klar, aber doch mehr, als man denkt. Es gibt sogar viele, die es ganz heiß finden, wenn ein Junge ins Bett pinkelt oder in die Hose, die ihn auch nur zu gerne selbst in solche Notlagen bringen würde. Es ist keinesfalls so, daß nur Männer dies mit Frauen tun wollen. Und irgendwo ist es ja auch wieder „harmloser" als normaler Sex – obwohl man sich mehr vertrauen und mögen muß, als für einen normalen „Fick", um es wirklich zu genießen. Zudem ist es weit zärtlicher als die meisten anderen Sexpraktiken. Aber halt von unserer Erziehung her mit einem „Bäh" belegt.

Damit es eine schöne Erfahrung wird und nicht etwa eine peinliche Pleite, die man ganz schnell wieder vergessen will, ist daher doch einiges zu beachten. Von der Frage, wie man solche Wünsche überhaupt jemand anders mitteilen kann – oder erkennen kann, ob er/sie diese Vorliebe teilt – bis zu der, wie man bei Bedarf sein Bett „wasserfest" bekommt: Streng riechende Matratzen mit gelben Flecken finden nun mal nur die wenigsten Menschen erotisch.

Es gibt für viel simplere Themen Ratgeber – dieses interessante, doch diffizile Thema hatte schon lange einen verdient. Damit es nun heißt: Feuchter, sprudelnder Genuß ohne Reue!

♦ *Lost Angel*

„Natursekt"???

Im Zuge der Öko-Bewegung – „Zurück zur Natur" – sind schon einige interessante Sachen auf den Markt gekommen – Naturreis, Naturkäse (ein Prädikat, das mittlerweile alle Käsehersteller, aber praktisch kein Naturschützer kennt und identisch ist mit „Digitalkäse", während „Analogkäse" gerade kein Käse ist, sondern Käseersatz), naturrein etc. etc...

Was die Öko-Freaks aber nicht erst groß herausstellen mußten, weil er sich schon vorher unter Kennern größter Beliebtheit erfreute, ist der sogenannte „Natursekt". Ein recht drolliger Ausdruck, wenn man bedenkt, daß die einzige Gemeinsamkeit dieser Flüssigkeit zum ordinären „Kunstsekt" in der Färbung besteht. Der Alkoholgehalt ist dagegen eher gering und der Geschmack auch nicht gerade ähnlich – es handelt sich nämlich schlichtweg um eine dezente Umschreibung für Pisse! Ja, Pipi, Harn, Urin etc. ist gemeint!

Da „Natursekt" gern mit „NS" abgekürzt wird und dieses Kürzel auch an wesentlich weniger amüsante Vorkommnisse erinnert, habe ich es in diesem Buch allerdings nicht verwendet. Im amerikanischen Sprachraum finden sich wesentlich nettere Ausdrücke wie „Wassersport" (watersports), was sich dann aufteilt in „Einläufe" (enemas, nicht Thema dieses Buchs) und „Golden Showers". Diese „Goldenen Duschen" lassen jedem Fan wohlige Schauer über Rücken, Bauch und andere dem warmen Regen ausgesetzte Körperteile laufen. Wer in dem im Zeitalter der Wikipedia fast vergessenen „Meyer's großem Lexikon" blättert, wird schließlich noch auf den medizinisch-trockenen und ansonsten völlig unbekannten Ausdruck „Harnerotik" stoßen.

Den Natursekt wirklich zu trinken (also nicht nur dran zu nippen und mal den Mund voll zu nehmen), findet eher im Rahmen von Dominanzspielen Anklang. Doch kann das Pinkeln auch so eine geile Sache sein, wie jeder, der in angesoffenem oder leicht erregtem Zustand mal „mußte", bestätigen kann. Dies widerstrebt allen uns anerzogenen Hygieneregeln, ist aber nun mal nicht zu ändern: Der Mensch stammt von den Tieren ab, und diesen macht es nicht nur viel Spaß, ihr Geschäft zu verrichten, nein, es hat sogar ganz direkte sexuelle Bezüge!

So markieren bekanntlich Hunde und Kater ihre Reviere mit „Duftmarken", die potentiellen Konkurrenten anzeigen sollen, daß hier gefälligst nichts mehr zu holen ist. Ebenso werden die Hündinnen und Katzen beim Erschnuppern des eigentlich doch eher abtörnenden Geruchs total scharf. Ursache sind dem gelben Saft beigemengte Sexuallockstoffe.

Etwas direkter treiben es die immer wieder gerne als Beispiel für großen Fortpflanzungswillen herangezogenen Hasen und Karnickel: Hier besprüht das Männchen vor der Kopulation das Weibchen direkt mit seinem dafür ohne Zweifel gut geeigneten Organ mit etwas von diesem ganz speziellen gelben Parfum. Und das sicherlich nicht nur, damit ihm während der Vollendung des so begonnenen Werkes kein anderer Häserich „dazwischenfunkt".

Noch direkter sind exotische Tierchen wie Ozelote, die ihr Pißorgan für derartige Aktionen sogar schraubenförmig aufwickeln können, um höhere Reichweiten zu erzielen – Wände und Decken von Ozelotbesitzern sind an ihrem speziellen gelblichen Fleckenmuster erkennbar.

Kleine Kinder pinkeln sich noch mit sichtlichem Wohlgefühl in die Höschen, wovon jede Mutter ein Leid singen kann. Auch regelrechte Pißwettbewerbe werden in dieser Altersklasse gerne veranstaltet, auch schauen kleine Mädchen den Jungen und kleine Jungen den Mädchen beim Wasserlassen sehr gerne zu, und das nicht nur wegen des „kleine Unterschiedes".

Mit dem Alter lernen die Kleinen dann, daß das „Igitt" und „Pfui" ist. Doch sind einige Empfindungen beim Wasserlassen denjenigen bei der Ejakulation beim Mann oder dem Gefühl kurz vor dem Orgasmus bei der jungen (und auch alten) Dame so ähnlich, daß schon viele Menschenkinder beim Pissen auf den Geschmack der Onanie gekommen sind.

Nur wenige gehen später soweit, ihren Freund oder ihre Freundin mit „Duftmarken" zu versehen oder ihm/ihr ins Haar oder ins Bett zu pinkeln. Ganz ohne Zweifel bringt das ja unter Umständen ganz schön viel Ärger ein, ja, man las in der Zeitung schon von Frauen, die wegen Befeuchtungsgelüsten von ihrem derart beglückten Partner kurzerhand abgemurkst wurden. Ein späteres „sie hat mir ins Bett gepinkelt" vor dem Strafrichter stößt dann zwar meist auf Erstaunen, aber auch auf volles Verständnis: „Das muß ja eine alte Sau gewesen sein". Und dabei wollte die Arme doch nur endlich mal ihre sexuellen Bedürfnisse erfüllen!

Wer sich derartige Gelüste aber erst einmal eingestanden hat, wird sie meist auch sein ganzes Leben lang nicht mehr los. Bücher von den sexuellen Wunschträumen und Phantasien beider Geschlechter „schwimmen" nur so in Träumen von Männern und Frauen, die durch welches böse Geschick auch immer in echte „Nöte" gebracht werden (wer traut sich in unserer zivilisierten Gesellschaft schließlich noch, einfach auf offener Straße das Höschen runterzulassen, wenn kein richtiges WC in Sicht ist?), und sich mit mehr oder weniger gemischten Gefühlen dezent und unter stark zischendem Geräusch in die Hose oder irgendwelche sonst nicht so ganz dafür eingerichteten Gefäße erleichtern.

Auch läßt auf jeder wirklich gelungenen Party garantiert irgendwann irgendein hinterhältiger Mitmensch den Kloschlüssel verschwinden und ergötzt sich später unerkannt an den – zumindest bei den Damen meist unvermeidlichen – Pannen und Überschwemmungen, die er so provoziert.

Von den vielen Typen mal ganz abgesehen, die ihre Freundin nur deshalb in lebensgefährlichem Tempo und ohne Zwischenstopp im Sozius auf ihrem Motorrad durch die Nacht karren, weil sie nur viel zu gut um die fatale Wirkung ihres Vorgehens auf die weibliche Blase wissen. Die beim Motorradfahren übliche Lederbekleidung verwischt die Spuren und die Feuchtigkeit zwischen den Beinen und in der Hose kann stets durch unmäßige Geilheit erklärt werden, was ja nicht einmal geschwindelt ist...

Auch bei Rockkonzerten machen sich Teenager reihenweise naß, was bei der ohnehin schweißtreibenden Hitze meist unentdeckt bleibt. Von den vielen bei Partys von den Gästen in alkoholisiertem Zustand befeuchteten Sofas und auch Toilettenräumen („Wie bitte? – In die Schüssel treffen ist doch langweilig?!") erst gar nicht zu reden! Das Bild vom unerkannt ins Hosenbein pinkelnden und sich mit schlechtem Gewissen davonschleichenden Missetäter aus unzähligen Filmklamotten ist also gar nicht so weit hergeholt...

◆ *Lost Angel*

„I'm singing in the rain..."

Wer sagt, daß Regen immer nur von außen kommen muß? Oftmals geht man spazieren und die Blase drückt. Nun müßte man ein unbeobachtetes Gebüsch suchen, um sich zu erleichtern. Doch – oh Schreck – ein solches ist nicht in Sicht. Wozu auch? Geeignete Kleidung beugt vor!

Frauen sind hier eindeutig im Vorteil: Ein Rock erlaubt es, sich einfach ins Gras zu setzen – und außer einem feuchten Schlüpfer, der aber infolge seiner hauchzarten Ausführung bald trocken wird, bleibt keine verräterische Spur zurück. Mit Bluejeans ist dies schon etwas schwieriger.

Männer haben dagegen keine Wahl, wenn sie nicht „auspacken" können, was ja mancherorts (z.B. am Münchner Oktoberfest, auf Autobahnparkplätzen oder auf der Expo am türkischen Pavillion) sogar als teures Offizialdelikt gilt – außer Mann mag sich mit einer Horde besoffener Bierdimpfl an die Pißrinne im Pissoir stellen.

Der „Ostfriesennerz" – das gelbe Ölzeug – ist natürlich die optimale Bekleidung, um sich darunter unauffällig zu erleichtern. Aber nur bei echtem „Pißwetter" zu verwenden – bei strahlendem Sonnenschein dagegen so ungewöhnlich und auch unbequem, daß mit Sicherheit auf eine sexuelle Devianz geschlossen wird...

Doch es geht viel einfacher: Schließlich gibt es in Sportgeschäften auch dünne Nylonsachen als Regenbekleidung, die man lediglich über normale Kleidung zieht, um diese trockenzuhalten. Und ebenso kann man diese ja auch unter normale Kleidung ziehen. Der Erfolg: Die Jeans bleibt trocken, während es dennoch wohlig warm in die Socken rinnt.

100% dicht sind diese Sachen natürlich nicht, und irgendwann wird die Jeans trotzdem feucht – aber so gleichmäßig, daß es kaum auffällt. Auf einer schwarzen Jeans wäre schon ein genauer „Kontrollgriff" von Nöten – rein optisch ist nichts zu erkennen!

Schihosen sind auch eine gute Wahl, wenn auch nicht so unauffällig. Dafür aber so konstruiert, daß sie sowieso nicht in Sekundenschnelle geöffnet werden können, falls man plötzlich die Nerven verliert und „auspacken" will. Und schön saugfähig sowie wasserundurchlässig.

Jogginghosen sind natürlich auch eine hervorragende Wahl, und wenn Radrennfahrer zum Pinkeln nicht anhalten, um keine Zeit zu verlieren, steht Joggern doch auch dieses Recht zu. Es mag zwar etwas Übung brauchen, es im Laufen laufen zu lassen, aber dafür dürfte es auch kaum von anderen entdeckt werden können.

Der Phantasie sind also keine Grenzen gesetzt. Erzählt wurde mir der Fall eines jungen Manns, der sich einen Aufsatz mit Schlauch für sein Organ konstruierte, diesen durch das Hosenbein zog und sich mit voller Blase vorzugsweise in die Sexkinos am Hauptbahnhof der nahe gelegene Großstadt begab. Und dort als einzigster Gast nicht unangenehm durch „Auspacken" auffiel – nur diese rätselhaften Pfützen im Teppich blieben nach seinem Besuch zurück und irgendwie roch es in den Kinos mit der Zeit etwas merkwürdig. Doch das gehört sich ja so in einem „Schmuddelkino"…

◆ *Lost Angel*

13

Blasentee und Schlimmeres

Viele fasziniert es unheimlich, dringendst zu müssen oder andere in diese quälend-süße Notlage zu bringen. Dazu kommt es am besten, wenn man ausreichend trinkt, doch gerade, wenn es darum geht, andere in diese Situationen zu manövrieren, ist es natürlich unauffälliger, mit Entwässerungstees oder Medikamenten nachzuhelfen, als ihnen literweise Getränke vorzusetzen.

Ich kannte einmal eine Krankenschwester, die einem sehr besserwisserischen, auf Partys immer den superschlauen Typen gebenden Bekannten eins auswischen wollte, indem sie ihm *Lasix* ins Getränk geben wollte. Lasix ist ein starkes Diurethika, also ein stark entwässerndes Mittel. Anschließend hatte sie vor, mit ihm zu flirten, bis er sich vor ihr in die Hose macht, um seine Coolness zu vernichten.

Schöner Gedanke, zugegeben. Sie war jedoch Krankenschwester genug, dies bleiben zu lassen: Diese Mittel sind nur für ernste medizinische Notlagen bestimmt – z.b., wenn ein Herzkranker zu viel Wasser in den Beinen ansammelt. Sie dürfen jedoch nur unter ärztlicher Aufsicht angewendet werden und können den Patienten selbst in gesundheitliche Gefahr bringen – von massiver Dehydrierung und Demineralisierung bis zum Herzstillstand. Sie sind deshalb auch rezeptpflichtig. Ihre Anwendung ist noch weit gefährlicher als die der ja mitunter auch als Scherz mißbrauchten Abführmittel.

Aus einem harmlosen Scherz oder dem Wunsch nach einem feuchten Erlebnis kann so schnell schwere Körperverletzung werden! Also bitte Finger weg von Diurethika – auch für Eigenversuche sind sie absolut ungeeignet.

Handelsübliche Nieren- und Blasentees und auch Brennesseltee sind weniger aggressiv: Sie können in andere Tees gemischt – um den Geschmack zu verdecken – durchaus zu schönen Erlebnissen führen. Dennoch ist auch hier Vorsicht geboten: Sie greifen stark in den Wasserhaushalt des Körpers ein. Wenn, sollte man dann auch viel Wasser oder anderen Tee hinzu trinken.

Mit Bier ist es ebenso – hinzu kommt der Alkohol. Wer allerdings eine größere Menge alkoholfreies Bier trinkt, hat nichts zu befürchten: Dieses ist zwar nicht völlig alkoholfrei – nach 10 Flaschen könnte man auch hier fahruntauglich werden –, doch ist es weniger problematisch und „treibt" immer noch gut.

Totale Übertreibungen sollte man aber prinzipiell unterlassen. Wie Paracelsus schon sagte, kommt es immer nur auf die Dosis an, um zu entscheiden, ob eine Substanz zum Gift wird. Auch Wasser kann tödlich sein – nicht nur, wenn man darin ertrinkt, sondern auch, wenn man zuviel auf einmal davon trinkt. Ein 21-jähriger Student fiel beispielsweise im Jahr 2003 bei der Aufnahmeprüfung der Studentenverbindung Alpha Phi Alpha in Dallas, Texas ins Koma. Es handelte sich bei diesem Aufnahmeritus um „Wettsaufen", jedoch eigentlich von einer vernünftigeren Art, als normalerweise für derartige Veranstaltungen üblich: Statt alkoholischen Getränken hatten die Probanten nur möglichst viel Wasser zu trinken. Doch eben das kann auch gefährlich werden.

Ein Wetttrinken mit anschließendem „Pipi-Holding-Contest" des US-amerikanischen Radiosenders KDND 107.9, bei dem es eine Nintendo Wii zu gewinnen gab (der Titel des Wettbewerbs hieß daher: „Hold Your Wee for a Wii"), endete gar mit einem Todesfall: Eine 28-jährige Teilnehmerin kollabierte und starb an zuviel getrunkenem Wasser. Sie wollte die Wii für ihre drei Kinder gewinnen. Die Veranstalter wurden haftbar gemacht und verurteilt!

Ein, zwei 1,5-Liter-Flaschen Wasser sind sicher kein Problem. Mehr als 5 Liter in kurzen Zeiträumen sind dagegen weder sinnvoll, notwendig, noch lustfördernd. Bei Cola, Kaffee, Milch und anderen Getränken ist die sinnvolle Grenze bereits eher erreicht. Zudem können einige Getränke zuviel Zucker enthalten, um in größeren Mengen gesund zu sein, andere wiederum bringen in größeren Mengen nicht nur die erwünschten Säfte in Bewegung, sondern wirken auch noch abführend, was sicher nicht ist, was wir wollen.

In Maßen sind Wasserspiele gut für den Körper: Nieren und Blase werden durchgespült. Es reizt dabei natürlich auch, die Blase zu füllen, bis sie erotisch prall und rund wird. Extremes Einhalten bis zur Schmerzgrenze kann allerdings wegen des Rückstaus die Nieren schädigen. Die Blase ist im Normalfall nicht in Gefahr, doch sollte man es auch hier nicht übertreiben und eine bis zum Platzen gefüllte Blase wird bei einem Verkehrsunfall genau dieses tun: platzen. Das ist dann kein Spaß, sondern lebensgefährlich.

Also bitte: keine Übertreibungen! Wassersport ist eine wunderbar sanfte, zärtliche Sexspielart – macht keinen SM-Wettbewerb daraus! Wenn der goldene Saft nicht glasklar und „sauber", sondern golden und intensiv duftend ist, so hat dies auch seine Reize: Das feuchte Spiel ist dann noch intimer, noch unartiger – und auf der Haut besonders reizvoll. Man braucht die Ausrede, es leider nicht mehr halten zu können, nicht wirklich, um es genüßlich in die Hose oder ins Bett laufen zu lassen.

◆ *Lost Angel*

Nach dem Spielen aufräumen

Nun, ich habe gerade dazu geraten, ruhig auch tiefgelben, stark duftenden Goldsaft zum Spielen zu verwenden. Dies mag manchen abschrecken: „Iiiih". Andere mögen wiederum genau dies – Jeans oder gar Lederhosen, in die sie schon viele Male gepinkelt haben, die bereits richtig streng riechen und gelb-braune Salz-Pipi-Ränder zeigen…

Alles Geschmackssache. Mittlerweile wirklich fies riechende Spielsachen, die in einer extra Kiste aufbewahrt werden und immer wieder nur getrocknet, aber nie gewaschen werden, haben durchaus ihren Reiz. Allerdings können sie dann doch ekelhaft werden, wenn das Trocknen mal zu lange dauert und der Urin immer mehr Ammoniak produziert hat. Auch für die Haut ist es dann nicht mehr so gut.

Sofort, wenn ein goldener Spritzer in die Hose oder ins Bett gegangen ist, entsetzt aufzuspringen und alles hektisch in die Waschmaschine zu stopfen, ist natürlich ebenso übertrieben: Wir machen es ja schließlich nicht aus Versehen, sondern aus Genuß – ein bißchen das angerichtete Malheur zu genießen, gehört auch dazu. Eine Frau, die sofort unter die Dusche springt, nachdem sie Bett oder Hose genäßt hat, wirkt ebenso enttäuschend wie eine, die nach dem Sex sofort unter die Dusche oder ins Klo rennt.

So, wie man nach normalem, braven oder wilden Sex nicht sofort aus dem Bett unter die Dusche springen, sondern in den Armen des Partners verweilen und träumen möchte, so wird man auch nach einer goldenen Flutung die angerichtete „Bescherung" noch etwas genießen wollen. Wasserspiele sind ja eine Abfolge von Vorspielen, Vorfreude, Aktion und verträumtem Nach-Genuß: Erst trinkt man beispielsweise grünen Tee mit Lycheearoma und denkt bereits daran, was diese Flüssigkeit noch alles Schönes auslösen könnte. Dann genießt man die sich füllende Blase. Dann das Nachgeben – ob freiwillig oder „gezwungen". Wie man von warmen Fluten überspült wird – den eigenen oder noch besser denen des Partners. Und dann, wie nun alles so schön „verträumt", also eingenäßt ist.

Allerdings sollte man den Partner auch nicht überfordern und einen gesunden Mittelweg finden. Ein nur noch stinkendes Bett könnte dazu führen, daß die Beziehung nicht lange hält und wird außerdem peinlich, wenn Besuch kommt: Man selbst mag den Geruch gar nicht mehr wahrnehmen, andere werden dies sehr wohl tun und sich wundern, wenn keine Kleinkinder oder Tiere im Haushalt sind.

Manche Wassersportfreunde entwickeln sich zum Kettenraucher, um die eindeutigen Düfte zu verdecken. Dies ist keine sinnvolle Lösung: Nach Zigarettenrauch stinkende Münder mag niemand wirklich gerne küssen. Und ist es das wirklich wert, einige Jahre eher qualvoll an Krebs zu sterben, nur damit niemand mitbekommt, daß man gerne pinkelt?

Wie man das Bett wasserdicht bekommt, sodaß die Flutung keine dauerhaften Schäden an der Matratze anrichtet, sondern nur behebbare „Traumspuren" an waschbaren Teilen, wird an anderer Stelle in diesem Buch ausführlich erläutert. Dann kann man in der feuchten Kuschellandschaft durchaus liegenbleiben, einschlafen, später weiterspielen.

Doch ist es sinnvoll, die Decken, die auf dem Matratzenschutz liegen, nach verrichtetem Geschäft gegen neue, trockene auszutauschen und zum Trocknen aufzuhängen. Waschen muß man sie nicht gleich – sie getrocknet, doch immer noch mit einem erregenden Duft parfümiert, wieder ins Bett zu legen, ist sehr reizvoll und animiert dazu, zu kuscheln und sie bald wieder zu befeuchten. Zudem wäre es auch sehr umweltschädlich, jedes Mal die Waschmaschine zu bemühen. Nach dem zweiten oder dritten Mal ist dann aber durchaus Waschen angesagt – was auch mal nur ein einfaches Abbrausen in der Dusche sein kann.

Ähnlich verhält es sich mit dem Matratzenschutz: Ein- bis zweimal kann man diesen einfach trocknen lassen, aber irgendwann ist Waschen angesagt. Vorsichtig bitte, damit er heil bleibt. Ebenso sollte man ihn auch regelmäßig nach dem Spielen vom Bett abnehmen und nachsehen, ob alles gut gegangen ist – andernfalls führt ein Loch irgendwann doch zu einer durchweichten Matratze, die dann auch noch unter dem Matratzenschutz nicht trocknen kann und unangenehm riechen wird.

Mit „Spielhosen" verhält es sich ähnlich: Eine komplett eingenäßte Hose zu trocknen und duftend erneut zu tragen, ist sehr erregend, doch sollte man es nicht so weit treiben, daß man sich nach dem Orgasmus vor sich selbst oder dem Partner zu ekeln beginnt.

Es ist also klar: Nach einer Spielrunde wird am nächsten Morgen auch wieder aufgeräumt. Doch was, wenn mal etwas gelitten hat, das gar nicht mitspielen sollte?

Nun, einmal hält auch ein Stoffsofa, eine Matratze oder ein Teppich einen goldgelben Guß aus, ohne verdächtig zu riechen. Erst bei mehrfachem Begießen derselben Stelle fängt es an, zu müffeln. Allerdings können auf hellen Stoffen die goldgelben Flecken auch schon nach einem Mal verräterisch sein.

Mit Wasser kommt man hier nicht besonders weit: Es mag dann zwar etwas weniger gelb sein, dafür aber mehr Fleck.

Febreze und ähnliche Mittelchen sind recht beliebt, um derartige Problemchen zu vertuschen, doch handelt es sich dabei eher um ein Duftwässerchen, das Gerüche übertüncht, mit etwas normalem Reinigungsmittel versetzt. Wenn es aber ein einmaliges Malheur war, ist der Geruch gar nicht das Problem, und das Standard-Reinigungsmittel wirkt gegen den Pipi-Fleck nicht.

Besser sind Spezialmittel wie „Urine Off" oder „Urine Gone", die man online oder im Sanitär- und Krankenbedarfshandel kaufen kann. Diese zersetzen die Pipispuren mit Enzymen, so wie es Fleckenentferner aus der Apotheke oder Drogerie auch mit Rotwein- und Kaffeeflecken tun. Und dabei verschwinden auch eventuelle Gerüche, wenn es sich nicht gerade um einen Extremfall handelt. Teilweise wird übrigens auch noch eine kleine, batteriebetriebene UV-Schwarzlichtlampe mitgeliefert, damit man die Pipi-Stellen auch besser findet.

Wer regelmäßig spielt, sollte sich vielleicht auch einen jener Handtuch-Heizkörper montieren lassen, mit denen die verträumten Decken effektiv und dabei dennoch nicht zu energieverschwendend (das Bad muß ja sowieso beheizt werden) getrocknet werden können. Im Sommer wiederum, oder in wärmeren Breiten, kann man die nassen Sachen natürlich einfach auf den Balkon oder in den Garten hängen, gegebenenfalls kurz abgeduscht, wenn man nicht möchte, daß die Nachbarn etwas riechen. Ein elektrischer Wäschetrockner ist nur für frisch gewaschene Spielsachen zu empfehlen, man will ja nicht, daß später auch die gebügelten Hemden diesen besonderen Duft ausstrahlen, weil er sich im Trockner festgesetzt hat.

Will man ein normales Gestell zum Wäschetrocknen verwenden, kann ein Ventilator die Sache deutlich beschleunigen. Das hat den Vorteil, daß man schneller wieder weiterspielen kann, wenn man unterwegs ist und nicht so viele Spielsachen dabei hat, und es verringert die Entwicklung von Ammoniak, die entsteht, wenn naßgemachte Wäsche lange in diesem Zustand an der Luft hängt.

Wer es auch gerne in die Schuhe laufen läßt, muß sich natürlich im Klaren darüber sein, daß diese normalerweise nicht in die

Waschmaschine gesteckt werden können. Hier sind Schuhe vorzu-
sehen, die für feuchte Spaziergänge bestimmt sind. Praktisch sind
Gummistiefel oder Badeschlappen, die können später einfach abge-
spült und – im Falle der Gummistiefel – kopfüber zum Trocknen
aufgehängt werden. Beide sind jedoch für längere Spaziergänge
weniger geeignet. Ansonsten stellt man halt einen Satz ältere Schuhe für solche Spiele ab, die dann aber nach einer „Sondernutzung"
einige Tage nicht mehr getragen werden können, wenn man sich
keine Blasen an den Füßen holen will: In nassen Schuhen längere
Strecken zu laufen, ist nicht nur für die Schuhe wenig erholsam.
Der Geruch fällt hier dafür kaum auf, nur Hunde könnten unerwar-
tet reagieren.

◆ *Lost Angel*

Menschen im Hotel

Zuhause benehmen wir uns natürlich anständig. Aber im Hotel macht fast jeder ins Waschbecken – erst recht, wenn Bad und Toilette nicht auf dem Zimmer sind! Und auch von anderen netten kleinen Schweinereien können die Zimmermädchen ein Lied singen!

Nun muß man in Deutschland immer beim Einchecken seinen Namen und die Adresse angeben, weshalb ein verpißtes Bett mit Sicherheit Ärger gibt, auch wenn es erst nach der Abreise entdeckt wird. Wer genug Geld hat, kann diesen Ärger allerdings schon im Keim ersticken und für sein „kleines Malheur" aufkommen, bevor es aufkommt.

Wer nicht so unangenehm auffallen will, und in einem Etablissement der unteren Preisklasse einquartiert ist, der rücke doch einfach das Bett beiseite! Der Teppich unter dem Bett freut sich bestimmt über ein paar warme Regengüsse. Sollten sich infolge Imprägnierung des Teppichs verräterische Lachen bilden, so hilft Einmassieren der Flüssigkeit in die Faser. Ist das Bett anschließend wieder an seinem Platz, wird der feuchte Teppichboden kaum auffallen, und der nette Geruch, falls man mehrfach dieselbe Stelle genäßt hat, oder schon vor einem jemand dieselbe Idee hatte, entwickelt sich erst, wenn der edle Spender längst nicht mehr festgestellt werden kann.

Auch Fahrstuhlkabinen eignen sich hervorragend zum Piß-Quickie, alleine oder auch zu zweit. Es dauert im Allgemeinen ziemlich lang, bis die Pfütze im Fahrstuhl gemeldet wird. Allerdings darf man sich nicht erwischen lassen – fährt der Lift plötzlich ein Stockwerk tiefer, um Gäste aufzunehmen, so ist es zu spät, um „einzupacken" und sich zu verpissen. Man muß in einer solchen erregenden Situation durchaus mit vermindertem Reaktionsvermögen rechnen! Andererseits ist einem Fahrstuhl mit Teppichboden kaum zu widerstehen...

Spätestens jetzt wird mich jeder Hotelier für diese Tipps verfluchen! Aber keine Sorge, die „kleinen Sauereien" passieren auch ohne meine Anleitung tagtäglich, und in jeder etwas dunkleren Ecke an Bahnhöfen riecht es ganz eindeutig danach, daß es jemand Spaß gemacht hat, sich gerade dort zu erleichtern. Auch ist die Reinigung eines Teppichbodens unproblematischer als die eines Betts. Wer nicht so gemein sein will, der kann sich selbstverständlich auf die offiziellen „Naßräume" Bad bzw. Dusche beschränken.

◆ *Lost Angel*

Ins Bett machen, aber richtig!

Das Bett einzunässen, ist sozusagen der „Königsweg", mit dem eigenen Wasser zu spielen. Es ist garantiert ein „No-No", und man kann es niemand so ohne weiteres erzählen. Andererseits ist Sex im Bett, wenn man anschließend einfach einschlafen kann, nun einmal das Gemütlichste. Und man kann am nächsten Morgen mit wieder voller Blase in den Armen des geliebten Partners erwachen und weiterspielen...

Aber unzählige Paare – und noch mehr Singles – können irgendwann keinen Fremden mehr in ihr Schlafzimmer lassen, weil der merkwürdige Geruch nicht mehr aus den Matratzen geht. Bei Paaren mag dies manchmal sogar Berechnung sein – immerhin erregt der Geruch, denn man muß ja sofort daran denken, wie er zustande gekommen ist, und außerdem schützt er ziemlich wirksam vor dem Fremdgehen eines der Partner zumindest im eigenen Bett. Bei Singles ist es aber schade, wenn das teuer gekaufte Luxusbett nur noch wie eine Latrine riecht, zumal dies selbst am Thema interessierte potentielle Partner abschrecken dürfte. Und so gesund ist Ammoniak nun auch nicht, daß man ihn beim Schlafen regelmäßig in der Nase haben sollte.

Doch es ist alles nur eine Frage der Vorbereitung. Diese sollte übrigens lange vorher beginnen, nicht erst, wenn der Druck auf der Blase bereits schärfster Konzentration bedarf, um ein Auslaufen zu verhindern. Das Bett muß wasserdicht werden! Kann man sich auf ein paar Spritzer beschränken, so tun es schon einige Badetücher. Aber wer garantiert schon, daß man in der Erregung nicht doch mehr will?

Am unauffälligsten sind Einlagen, die genau dazu bestimmt sind, Bettnässern zu helfen. Wer sich nicht traut, die im Laden zu kaufen, kann sie auch bei den gängigen Versandhäusern bestellen – ob nun Sanitär- und Gesundheitsbedarf oder „Universal-Versandhaus". Einfach unter das Betttuch spannen – fertig! Kann „allzeit bereit" dort verbleiben, sodaß man mit einer neuen Flamme spontan experimentieren kann, ohne plötzlich umbauen zu müssen.

Ist man dagegen ein Liebhaber des „solange warten, bis es nicht mehr auszuhalten ist"-Spiels, so könnte dies noch zuwenig sein. Ein Pärchen, jeder Teil mit gut gefüllter Blase, liefert mehr, als Betttuch und Einlage auffangen können. Kurzfristig mag das gehen, aber wenn man sich schließlich ausgetobt hat, könnte der Wunsch, einfach liegenzubleiben, am nächsten Morgen zu langen Gesichtern führen. Und wir wollen ja Genuß ohne Reue!

Zunächst einmal sollten alle Teile der Bettwäsche waschbar sein, damit man sie doch ab und zu wieder in ihren ursprünglichen Zustand bringen kann. Decken- und Kopfkissenfüllungen sollten also nicht aus Daunen, sondern aus Kunststofffasern bestehen – zumindest für Nächte, die feucht werden könnten.

Die Matratze ist prinzipiell nicht waschbar und muß daher geschützt werden. Hier kann noch eine weitere dicke Plastikfolie vorgesehen werden – wer es rustikaler mag, kann sich auch Teichfolie aus dem Baumarkt holen. Auch dickere Latex- oder Polyurethantücher sind beliebt.

Ebenso wichtig sind aber saugfähige Tücher oder Decken auf der Folie. Denn es kann nie garantiert werden, daß die Folie nicht mal ein Loch bekommt – und außerdem macht es auch wenig Freude, in einer kälter werdenden Pfütze zu liegen. Besonders saugfähig für heftigere Spiele und trotzdem waschbar sind übrigens Auflagen für Liegestühle!

Das sind aber die Lösungen für besonders wilde Experimente, mit literweise Bier (weniger zu empfehlen, treibt zwar, aber macht blau und mindert den Genuß!) oder anderen Getränken. Doch die Folien machen Geräusche, fühlen sich auch mit zwei Decken darüber kalt an und machen aus dem kuschligen Bett irgendwie eine Porno-Spielwiese, und die Liegestuhl-Auflagen sind auch härter, als man es im Bett gewohnt ist. Mittlerweile gibt es jedoch auch Matratzenschutz für Bettnässer, der tatsächlich dicht hält und trotzdem komfortablen Schlaf erlaubt. Dazu kann man mal bei Ebay nach „Matratzenschutz" suchen, auch Geschäfte mit Kinderbedarf haben meist auch die Größen für Erwachsene parat.

Dieser Matratzenschutz sind nun Spannbettücher, die innen mit PVC oder Polyurethan beschichtet sind. PVC ist unangenehm, es stinkt und ist ungesund, und es läßt keinerlei Hautfeuchtigkeit durch, was das Klima im Bett unangenehm macht, auch wenn es noch trocken ist. Polyurethan ist nicht nur deshalb reizvoll, weil es aus unserer Spielsubstanz hergestellt wird – Harnstoff! –, es ist auch wesentlich angenehmer und kostet nicht viel mehr. Es gibt solche Spannbettücher für Einzel- und Doppelbetten. Die Version für Einzelbetten findet sich auch immer wieder mal im Angebot bei Aldi – in diesem Fall in gelber Tönung. Warum wohl nur?

Will man nicht, daß die Zu-Decke sich über Nacht vollsaugt, so sollte man auch hier nochmal eine Folie und Zwischendecke vorsehen. Nun kann man auch nachts, wenn man aufwacht und die Blase drückt, was nach längeren Spielereien durchaus noch ein paar Mal passieren kann, wunderschön den Druck an Ort und Stelle ablassen. Morgens dann in dem warmfeuchten Bett aufzuwachen, ist unter Garantie so animierend, daß man mit Vergnügen da weitermachen wird, wo man am Abend aufgehört hatte.

Die Decken gegen Vollsaugen zu schützen, hat auch thermische Gründe: Nasse Decken wärmen nicht mehr! Und eine Erkältung wegen nasser Spielereien ist ziemlich überflüssig. Wenn man im nassen Bett liegenbleiben möchte, können es kaum zuviel Decken sein. Wenn es nicht zu extrem ist, also sagen wir mal drei Kannen Tee für zwei liebe Menschen, die danach im Bett gemütlich entspannen und es vor dem Morgen nicht mehr verlassen wollen, dann reicht es auch, eine zusätzliche waschbare Schlafsackdecke zwischenzulegen. Die ursprünglichen Decken werden dann zwar noch leicht feucht, doch das verfliegt geruchlos wieder – es ist dann nur noch Feuchtigkeit. Und damit ist man dann auch schön kuschlig gewärmt.

Die beste Lösung, so man es mag und auch mit dem Energieverbrauch kein Problem hat, ist ein Wasserbett. Nicht nur, daß hier die Matratze nicht in Gefahr ist (der Rahmen ist allerdings im Originalzustand meist nicht wasserfest und sollte deshalb mit einem geeigneten Anstrich versehen werden und die Elektrik kann auch kritisch sein), nein, das Ambiente ist mit seinem Gluckern und Schwanken ausgesprochen animierend und hält anschließend auch weiter schön warm. Optimal in Bezug auf Aufwischen der Lachen ist natürlich eine Kombination mit dem sonst sehr ungemütlichen Stein- oder Fliesenfußboden oder zumindest Linoleum (aber bitte nicht PVC): Wer seine Schlafstatt so einrichten kann, wird sich fragen, wie er je mit etwas anderem zurechtgekommen ist...

Keine Sorgen muß man sich übrigens machen, in einem genüßlich verpullerten Bett Ausschlag zu bekommen. Was in Windeln oder feuchten Hosen durch die Reibung und den Druck leicht entsteht, passiert im Bett normalerweise nicht, weil sich die Flüssigkeit frei verteilen kann. Man schläft wunderbar. Probiert es einfach selbst aus, wer zu feige ist, ist selbst schuld.

Klar ist natürlich, daß man am nächsten Morgen alles in Ordnung bringen muß, sprich die feuchten Decken auf dem Matratzenschutz abnimmt und zum Trocknen aufhängt und den Matratzenschutz selbst zumindest abtrocknet. Werden die Decken dann nochmal naß, ist am nächsten Morgen dann definitiv Waschen angesagt. Es reicht aber durchaus, alles einfach abzubrausen und nur ab und zu die Waschmaschine zu bemühen. Da die Decken so schnell nicht trocknen, kann man einen zweiten Satz im Wechsel verwenden.

Es ist also mittlerweile wirklich möglich, eine urgemütliche, angenehme Schlafstatt zu haben, die dennoch wasserfest ist und in der man so richtig gemütlich feucht kuscheln, lieben und anschlie-ßend einschlafen kann.

♦ *Lost Angel*

Erkennungszeichen

„Sie erkannten sich, und wußten, daß sie zueinander gehören":
So steht es in der Bibel. Tja, nach 2000 Jahren sieht sowas immer
recht einfach aus. Aber eigentlich ist es sauschwer. Als Partyge-
spräch („Du, sag mal, magst Du gerne mal ein Glas Pipi trinken??"
oder „Du, machst Du Dir eigentlich auch so gern in die Hose wie
ich??") ist das feuchte Hobby eigentlich kaum geeignet, man kann
höchstens einen Pinkelwitz erzählen und die Reaktion testen...

SM ist nun mittlerweile geradezu „in", und ein spezifisches
Outfit – schwarze Lederklamotten, Handschellen (und sei es als
Schlüsselanhänger!), Halsbänder, Piercings oder auch ein spezieller
„SM-Ring" oder das „Sklavenarmband" – machen es hier möglich,
das gemeinsame Interesse zu erkennen, ohne gleich mit der Tür ins
Haus fallen zu müssen. Außerdem kann man als Gleichgesinnter
diese Interessen an einem gewissen Glitzern in den Augen erken-
nen, wenn entsprechende Themen angeschnitten werden.

Wassersport ist dagegen immer noch sehr ausgefallen, und man
kann schlecht stundenlang Geschichten von feuchten Miß-
geschicken erzählen oder mit nassen oder gelbgepinkelten Hosen in
der Disco erscheinen, um sein Interesse kundzutun. Auch mit auf-
fällig zusammengepreßten Beinen dazustehen, gilt nicht gerade als
megaschick.

Ein T-Shirt „Ich bin ein geiler Pisser" wiederum fände sicher
nur unter schwulen Wassersport-Fans Anklang. Und dort existieren
auch die einzigen mir bekannten Erkennungszeichen: Gelbe Ta-
schentücher, die aus den hinteren Hosentaschen heraushängen.
Links für passiv (= Empfänger), rechts für aktiv (= Spender). Doch
dann müßte ich ja gleich mit zwei gelben Taschentüchern rumren-

nen, was etwas dämlich aussähe, und würde außerdem dauernd von Jungs angequatscht. So geht es also schon mal nicht!

Tja, eine brauchbare Lösung kenne ich bisher auch nicht. Das Glitzern in den Augen kommt bei Pißgeschichten meist schon aus Unsicherheit selten auf – viele Pinkler und Pinklerinnen haben große Angst davor, daß ihr kleines Geheimnis von den falschen Leuten entdeckt wird. Ein kleiner Sticker „GS" (für „Golden Shower") oder „WS" (für „Wassersport") in Gold oder ein Ring mit einem Männeken Piß darauf wurde schon vorgeschlagen. Vielleicht eine Idee für einen Avantgarde-Modedesigner?

Schließlich bleibt die elektronische Kommunikation, um Gleichgesinnte kennenzulernen. Deshalb gibt es meine Internetseiten (www.lostangel.ws), Foren und Chats zum Thema. Und das kann durchaus klappen – bei mir jedenfalls schon öfter!

♦ *Lost Angel*

Wassersport-Trainingsanleitung

Wie man den Partner zur „nassen Liebe" verführen kann

Dies ist die deutsche Übersetzung eines Textes zur „feuchten Liebe", der im Original als „Watersport Training Manual" von Hartley bekannt ist.

Der etwas eigenwillige, altmodische Stil des Originaltextes wurde dabei so weit wie möglich erhalten, da er auch seinen Reiz ausmacht und auch wildere Spielvarianten mit dem nötigen Respekt abhandelt. Manche Tipps wie die relativ primitiven Tricks zum „Abdichten" des Bettes sind inzwischen überholt – der Text stammt aus den frühen 90er-Jahren. Aus Gründen der Authenzität wurde hieran jedoch nichts geändert.

Die Übersetzungen haben gemacht:

- Rich, der mit seiner Website „Sekt natur" leider nur kurz online war,

- Beat, der seiner Freundin die interessantesten Teile übersetzt hat und dies auch der Allgemeinheit zugute kommen lassen wollte und schließlich

- Bogart, der die noch fehlenden Teile übersetzt hat

– Vielen Dank für dieses perfekte Teamwork! –

1. Einführung

„Wassersport" ist die umgangssprachliche Bezeichnung für das Wasserlassen als Mittel sexuellen Lustgewinns oder zur Steigerung der Intimität. Mit anderen Worten: erotisches Pieseln. Der medizinische Ausdruck hierfür lautet *Urolagnia* oder *Urophilia*.

In der Usenet-Nachrichtengruppe *alt.sex.fetish.watersports* erscheinen des öfteren Posts (Nachrichten), in denen diese Praxis Bestandteil von Dominanz- und Unterwerfungsspielen ist. Damit befaßt sich diese Anleitung nicht. In anderen Posts geht es um einander völlig fremde Personen, die sich an einem privaten Ort treffen, um sich gegenseitig zu bepieseln. Auch darum geht es in dieser Anleitung nicht. Vielmehr geht es darum, daß zwei Menschen, die einander emotional verbunden sind und sich vertrauen, etwas Intimes und Persönliches teilen, um mit diesem Zeichen ihrer Liebe ihre Beziehung und ihr Vertrauen noch zu stärken.

Die Beschreibungen in diesem Text reichen von den leichtesten bis hin zu äußerst intimen Praktiken. Wie lang ist es her, daß Du zum letzten Mal unter der Dusche oder in der Badewanne gepieselt hast? Ich wette, für die meisten Leser war das vor weniger als einem Monat und für den Großteil der übrigen vor weniger als sechs Monaten. Für einige ist es ein regelmäßiger Bestandteil des Badens, nicht anders als das Einseifen mit dem Waschlappen. Und warum hast Du es gemacht? Weil Du nicht warten konntest, bis Du herausgekommen wärst? Unwahrscheinlich. Du hast es getan, weil es sich gut angefühlt hat. Es fühlt sich gut an, einfach zu entspannen und ohne die Not, ein geeignetes Gefäß zu finden oder etwas ausziehen zu müssen, einfach die Augen zu schließen und dieses feine Kribbeln zu spüren, wenn es durch Dein lustspendendes Fleisch rinnt. Und hinterher ist nichts sauberzumachen.

Und gib es ruhig zu – zumindest vor Dir selbst: Hast Du nicht schon mal – wahrscheinlich mehr als einmal – bis zum Bauch im Meer oder einem See stehend (oder sogar in einem Schwimmbecken) genußvoll die Wärme Deiner eigenen Flüssigkeit gespürt, wie sie durch die Badebekleidung strömt?

Die Erregung, die mit diesen einfachen Freuden verbunden ist, steigern und teilen zu lernen, anstatt sie durch kulturelle Tabus zu unterdrücken, unseren grundlosen Glauben an diese Tabus zu überwinden und praktische Methoden zu erlernen, wie wir unsere Partner an diesem Vergnügen beteiligen können – das ist es, worum es sich in dieser Anleitung dreht.

Ich mache darauf aufmerksam, daß ich dies von dem Blickpunkt eines heterosexuellen Mannes schreibe. Ich kann nur über die Freuden sprechen, die ich mit meiner Partnerin geteilt habe. Dennoch werde ich mich bemühen, meine Gedanken zu diesem Thema mit einem möglichst breit gestreuten Publikum im Sinn mitzuteilen – einschließlich jener, deren Sexualität sich von meiner eigenen unterscheidet. Solltest Du das Gefühl haben, ich hätte Deine sexuelle Gruppe falsch dargestellt oder zu wenig beachtet, oder wenn Du etwas von einem Blickpunkt aus zu sagen hast, den ich nicht einnehmen kann, laß mich bitte davon wissen. Ich werde alles, was Dir hinzuzufügen wichtig wäre, ernsthaft betrachten.

2. Sprachgebrauch

In dieser Anleitung benutze ich die Wörter „Lingam" für Penis und „Yoni" für Vulva oder Vagina. Es handelt sich dabei um orientalische Worte, die ungefähr soviel bedeuten wie „Lichtstab" und „heiliger Tempel". Nicht daß „Penis" und „Vulva" keine korrekten Bezeichnungen wären. Beide kommen aus dem Lateinischen. Penis leitet sich von demselben Wortstamm ab wie Pendel und Peninsula (engl. für Halbinsel, Anm. d. Übs.) und läßt an etwas Hängendes denken. Vulva bezeichnet etwas Bedeckendes, einen Überwurf (und hört sich meiner Meinung nach besonders sexy an).

Unglücklicherweise klingen diese lateinischen Worte recht klinisch. Das liegt nicht an den Wörtern selbst, sondern ist ein Resultat der westlichen Einstellung gegenüber diesen Körperteilen – eine Einstellung, die vulgäre und abwertende Wörter wie *Steifer, Bolzen, Schwengel* und *Fotze* hervorbringt.

Da die mit solchen Wörtern verbundenen Gefühle eher negativ sind, gehen wir davon aus, daß nicht-abwertende Wörter für Sexualorgane von gefühlshaften Assoziationen möglichst frei sein sollten. Die orientalischen Wörter vermitteln noch ein Gefühl von Respekt für unseren Körper und erinnern uns daran, ihn als etwas Heiliges anzusehen.

Jeder Teil Deines Körpers ist eine einzigartige Schöpfung, und Dein Lingam bzw. Deine Yoni haben das Vorrecht, jener Körperteil zu sein, durch den die sexuelle Energie einströmt und auch wieder austritt.

Ich hatte einmal das große Glück, eine Ausstellung buddhistischer religiöser Kunst zu besuchen. Viele der Gemälde und Skulpturen enthielten völlig „un-verschämte" Abbildungen der menschlichen Geschlechtsteile (anders als beispielsweise die klassische griechische Skulptur, die das männliche Organ verkleinert wiedergibt und das weibliche seiner Details beraubt). Obwohl ich wenig über die buddhistische Kultur weiß, war klar, daß diese Menschen Sexualität und Spiritualität als zusammengehörige Emotionen empfanden und daß die Wege zum Erleben des einen Gefühls auch für das andere Anwendung finden.

Wenn wir beginnen, unseren Körper auf diese Weise zu betrachten anstatt als die schmutzige Währung sexueller Geschäfte, machen wir einen Schritt in Richtung auf spirituellen Sex, einen Schritt über das bloße Ficken, Blasen und Abgehen hinaus.

Ich werde mich auf den Urinstrahl einer Person häufig als seinen bzw. ihren Quell oder Bach beziehen. Wie das Regenwasser, das auf einen Berg fällt und an seinem Fuß als Quellbach plätschert, etwas von der Substanz des Berges mit sich führt, so ist es auch mit dem Wasser, das uns durchfließt. Das liegt nicht einfach daran, daß es tief aus unserem Körper kommt, sondern daß es aus jedem Teil des Körpers stammt. Der Urin ist ein Filtrat des Blutes und war also ein Bestandteil unseres Blutes, bis dieses die Nieren passiert hat. Das Blut wiederum hat jede Stelle in uns durchströmt, einschließlich – wo auch immer das sein mag – der Bereiche, in denen unser Geist wohnt. Urin ist das, was übrig bleibt, nachdem das Blut unser höheres Selbst genährt hat. Es enthält den Schweiß der Seele. Und ich glaube nicht, daß es Zufall oder ein göttlicher Scherz war, daß sich unser Schöpfer entschieden hat, unsere Lingams und Yonis mit unserem persönlichen Quellbach zu verbinden.

3. Was macht Spaß daran?

Aus welchem Grund könnte es Dir Spaß bereiten, mit dem Urin Deines Partners in Berührung zu kommen und umgekehrt? Urin ist doch eigentlich ein Abfallprodukt!?

Wenn Du verliebt bist und diese Liebe ist zu einer sexuellen Beziehung erwachsen, so liebst Du Deines Partners Körper und Geist. Du liebst jeden Teil Deines Partners. Und Du begegnest dem Lingam oder der Yoni Deines geliebten Partners mit besonderer Ehrfurcht. Diese sind der Altar eurer Anbetung – die Spender und Empfänger der größten Freude, die ihr miteinander erleben könnt.

Wenn Du Deine Augen schließt, kannst Du in Deiner Fantasie die Genitalien Deines Partners sehen, kannst sie in Gedanken mit Deinen Fingerspitzen berühren, kannst mit Deiner Nase deren Duft einatmen, kannst sie mit der Zunge Deines Geistes liebkosen. Wenn Du Dich nur darüber hinwegsetzen könntest, daß man Dir vor vielen Jahren einmal einredete: „Pfui Kind, das ist schmutzig!".

Warum glauben wir eigentlich, daß unsere Lingams und Yonis schmutzig seien (und bestreite bitte nicht, daß auch Du in gewisser Weise von dieser Meinung beeinflußt bist)? Ein Grund ist, daß es in den meisten Kulturen der Erde üblich ist, die Geschlechtsteile vor den Blicken anderer zu verhüllen. Aber das macht sie noch lange nicht „schmutzig". Es macht sie höchstens „privat".

Ein anderer Grund ist, daß unser Urin dort entspringt. Und wir lassen unseren Urin woanders ab als dort, wo wir essen und schlafen. Warum? Weil Urin übelriechenden Ammoniak entwickelt, sobald er den Mikroorganismen der Luft ausgesetzt ist. Doch auch Lebensmittel können nach gewisser Zeit übel riechen und werden doch keineswegs als „schmutzig" empfunden.

Urin hat einen ganz eigenen Geruch, vor dem wir instinktiv zu-rückschrecken. Diese Reaktion liegt ursprünglich im Interesse unseres Überlebens. Unser Körper hält unseren Mineralienhaushalt im Gleichgewicht, indem er Überschüsse ausscheidet. Auch muß er sich des sog. Harnstoffes entledigen (nebenbei sei bemerkt, daß Harnstoff nicht für den Geruch des Urins verantwortlich ist, sondern einen eher kühlen, angenehmen Geschmack hat). Egal wie durstig wir auch sind, der Geruch des Urins sagt uns instinktiv, daß das Trinken desselben unsere Ausscheidungs-Strategie nutzlos machen würde.

Nichts von alledem aber macht Urin „schmutzig". Er ist nahezu steril, wenn er unseren Körper verläßt und enthält keinerlei Giftstoffe, vorausgesetzt, wir haben vorher nichts Giftiges zu uns genommen. In Kriegszeiten wurde Urin sogar als Wund-Desinfektionsmittel verwendet. Er ist sicherlich „sauberer" als die Bakterienfarmen in unserem Mund. Und um seinen Geruch zu beeinflussen gibt es, wie wir später sehen werden, drei einfache Methoden.

Was ich bis jetzt erzählt habe erklärt, warum Du den Kontakt mit Urin nicht fürchten brauchst. Ich habe noch nicht gesagt, warum Du diesen Kontakt eines Tages vielleicht sogar suchen könntest. Betrachten wir's doch einmal so: Im Wasser zu planschen macht Spaß. Sex macht auch Spaß. Warum also nicht beides kombinieren? Sicher habt ihr euch in der Badewanne oder beim Schwimmen schon mal gegenseitig naß gespritzt und es hat euch gefallen – vielleicht hat euch das sogar geil gemacht. Wassersport ist genau das Gleiche, allerdings mit einer viel persönlicheren Note.

Die Yoni Deiner Freundin liebst Du nicht allein ihres Fleisches wegen, sondern auch wegen der wunderbaren Flüssigkeit, die sie erzeugt, wenn sie erregt ist. Sogar ihr Menstruationsblut ist ein Teil von ihr und auf seine eigene Weise interessant. Und bei einem Mann schließt die Liebe zu seinem Lingam auch die Liebe zu seinem Samen ein und Du möchtest, daß er Dich benetzt und ein Teil von Dir wird.

Die Liebe zu Deines Partners Yoni oder Lingam kann auch eine Faszination enthalten von der Funktion, zu der sie schon von Geburt an verwendet wird. Stelle Dir vor, wie ein kräftiger Urinstrahl aus der Yoni Deiner Freundin schießt. Ist Dein Partner männlich, so stelle Dir seinen Lingam ebenso vor. Denke noch nicht an eine Berührung des Strahls. Und denke auch nicht an einen gewissen Bestimmungsort des Strahls. Stelle ihn Dir einfach vor als einen Brunnen der Liebe.

Wenn Du heterosexuell bist, wirst Du die Mystik des Augenblicks erahnen und Dich fragen, was wohl Dein Partner verspüren mag, wenn er seinem Strahl auf diesem Dir gänzlich unbekannten Wege freien Lauf läßt. Als Mann weißt Du wohl, daß der Samenerguß und das Pinkeln sehr unterschiedliche Gefühle hervorrufen, allerdings ist ihnen gemeinsam, daß Du in beiden Fällen spürst, wie Flüssigkeit durch die Urethra fließt. Und das eine erinnert Dich an das andere. Und als Frau weißt Du, daß Deine Urethra genau unterhalb des empfindlichsten Punktes Deines Körpers mündet. Wenn Du erregt bist, kannst Du überhaupt pinkeln, ohne daran zu denken?

Bedenke nun, daß der Strahl, der täglich aus Deinem Partner fließt, angenehm warm ist, daß er ein Teil von ihm oder ihr ist, und daß er aus einer ganz besonderen Stelle hervorquillt. Er enthält Flüssigkeit aus Deines Geliebten Blut, und Schweiß aus seiner Seele. Hast Du Dir schon mal vorgestellt, wie es wäre, wenn er auf Deine Haut spritzen würde? Und denke daran, wie gut es tut, Deine eigene Blase zu entleeren. Zuerst verspürst Du einen unangenehmen Druck, dann entspannst Du Deinen Lingam oder Deine Yoni, Du merkst nur ein wohltuendes Kitzeln da unten und ganz ohne Anstrengung fühlst Du Dich erleichtert und befriedigt. Wie wäre es, dieses kleine Vergnügen einmal mit Deinem Partner zu teilen?

Was für ein Spaß wäre es zu fühlen, wie eure Brunnen sich vermischen und eure Haut erwärmen und streicheln?

Möglicherweise erregen Dich solche Fantasien, doch denke noch nicht daran, es wirklich zu tun. Es erfordert nämlich mentale Vorbereitung, um die Taten dann genauso genießen zu können wie die Fantasien. Die kulturell bedingte Abneigung hat Dich ein Leben lang begleitet. Es ist relativ leicht, diese Abneigung zu verdrängen, wenn Du Wassersport nur in Deiner Fantasie betreibst, viel schwerer ist dies jedoch, wenn Du es wirklich tust.

Wenn Dich solche Fantasien aber irgendwie erregen, solltest Du weiterlesen. Die Abneigung gegenüber dem Springbrunnen Deines Partners ist die letzte Barriere, die zwischen Deinen und seinen Geschlechtsorganen liegt. Wenn Du diese erst mal überwunden hast – und das ist gar nicht so schwer –, wird die eventuell verborgene Vorstellung, daß die Sexorgane Deines Partners schmutzig sein könnten, wie weggespült sein. Sich zu umarmen und es einfach „laufen" zu lassen, wird sich allmählich als natürlicher und vergnüglicher Weg darstellen, seine Sexualität zu teilen. Und dies ist etwas ganz Besonderes zwischen euch, eine Erfahrung, über die nur Wenige verfügen.

Eine Schlußbemerkung. Viele von uns kommen eines Tages mal in die Lage, wo der Partner in die Arme eines anderen abwandert. So etwas kann vorkommen. Da der gemeinsame Genuß der Springbrunnen (oder auch anderer spezieller Sexpraktiken) etwas darstellt, das mit der Zeit ein besonderes Vertrauensverhältnis aufbaut, ist es unwahrscheinlich, daß Dein Partner diesen Teil eurer Beziehung je an einen Eindringling verrät. Eure sexuelle Beziehung wird ihr Geheimnis bewahren und darauf kann eine spätere Versöhnung aufbauen.

4. Fair-Play

Alles was ich im folgenden Abschnitt zu sagen habe, kann in diesen drei Worten zusammengefaßt werden:

Respektiere Deinen Partner.

Er möchte Dir Freude bereiten. Du solltest Deinen Partner niemals in die Zwickmühle bringen, wo er Dir einerseits Vergnügen bereiten möchte, andererseits aber dafür etwas tun müßte, das er abstoßend findet.

Jede Sexpraktik, gegenüber der Tabus existieren, ist vermutlich nicht für jeden Partner gleich einfach zu akzeptieren. Deshalb sollte man langsam vorgehen. Beginne mit den einfachen Dingen. Schritt für Schritt. Wenn Dein Partner Scheu vor etwas hat, so akzeptiere das und wende keinen Druck an. Der Durchbruch kann eines Tages von selbst kommen. Und selbst wenn nicht, bleibt Dir immer noch das Wichtigste. Überrasche Deinen Partner niemals mit etwas, das vorher nicht abgesprochen war. Vertrauen bedeutet, daß er weiß, was er von Dir erwarten darf.

Einige der Aktivitäten, über die ich nachher sprechen werde, benötigen Vorbereitung und Nachsorge (insbesondere die Wäsche). Besprich diese Aufgabe mit Deinem Partner oder biete ganz einfach an, Dich um alles zu kümmern. Ist z.B. keine Waschmaschine im Hause, so könnte es Deinem Partner peinlich sein, das Ergebnis eurer Freuden zu einem öffentlichen Waschautomaten zu tragen. Biete doch einfach an, daß Du das machst. Und die nächste Regel ist besonders wichtig: Obwohl ihr beide ausdrücklich der Meinung seid, daß nichts dabei wäre, darüber zu reden und daß alle Welt ruhig von eurem Hobby wissen dürfte, erzählt trotzdem niemandem, weder Freunden noch Verwandten, was euch besonders Spaß macht. Pinkelsex ist keine Perversion, die einem Pfarrer im Beichtstuhl anvertraut werden müßte. Versprich also Deinem Partner, nicht darüber zu reden. Und bitte ihn ruhig um dasselbe. Nichts festigt das Vertrauen zweier Liebender mehr, als ein gemeinsames Geheimnis. Nicht zerstört es schneller, als Verrat. Deshalb bewahrt Stillschweigen. Und sag so oft wie möglich: „Ich liebe Dich!".

5. Was ist drin?

Urin ist vor allem Wasser. Daneben enthält er das Folgende:

- Lösliche Mineralien, welche dem Körper in zu großer Menge zugeführt wurden, vor allem Salz, aber auch etwas Magnesium, Kalzium, Kalium, und Phosphat.

- Stickstoffhaltiges Material, vor allem Harnstoff. Daneben gibt es noch einen komplexeren Stoff, Kreatinin, welcher wahrscheinlich für die Farbe und den Geruch verantwortlich ist. Diese Substanzen sind ungiftig. Es gibt auch eine kleine Menge von Harnsäure und eine noch kleinere Menge von Ammoniak. Keines davon ist in genügender Konzentration vorhanden, um zu schaden.

- Wasserlösliche Stoffe, die der Körper braucht, aber nicht zurückhalten kann. Dies umfaßt wasserlösliche Vitamine wie C- und B-Komplex. Wenn Du große Mengen von Vitamin-Ersatzstoffen nimmst, erhöhst Du die Konzentration von diesen in Deinem Urin.

- Essensbestandteile, welche zwar ungiftig, aber für den Körper nutzlos sind. Diese umfassen verschiedene natürliche und künstliche Geschmacks- und Farbverstärker. Zuletzt wird auch etwas Aspartam (Zuckerersatz), welchen Du konsumierst, weitergegeben (die resultierende Süße kann für einige Leute erregend sein).
Vielleicht hast Du auch festgestellt, daß, wenn Du rote Beete ißt, die rote Färbung weitergegeben wird. Wenn Du eine große Menge Grapefruit konsumierst, wird Dein Urin wie Grapefruit riechen. Methylenblau ist eine ungiftige, künstliche Tönung, welche unverändert

weitergegeben wird, für diejenigen, welche es lieben, in Farbe zu pinkeln. Es gibt noch viel mehr Beispiele.

- Zersetzungsprodukte von Essenbestandteilen. Auch diese sind ungiftig. Das bekannteste Beispiel ist, was geschieht, wenn Du Spargel ißt. Deine Leber setzt Schwefelkomponenten des Spargels in Methylthiol (ein wasserlösliches Gas) um, welches weitergegeben wird. Methylthiol ist in der im Urin vorhandenen Quantität nicht schädlich (die Konzentration ist nur sehr gering), aber es ist einer der geruchsintensivsten bekannten Stoffe. Die menschliche Nase kann es in Konzentrationen von viel weniger als einem Teil pro Million Teile Luft riechen.

- Giftstoffe, welche Du konsumierst, oder deren Abbauprodukte. Das beste Beispiel davon ist Alkohol. Alkohol ist so wasserlöslich, daß Dein Körper nicht in der Lage ist, diesen (oder sein Abbauprodukt, ein Stoff genannt Acetaldehyd) daran zu hindern, durch alle Deine Gewebe zu diffundieren. Dieser Stoff wird in Deinem Urin in derselben Konzentration vorhanden sein, wie in Deinem Blut. Koffein und Aufputschmittel sind andere Dinge, welche in Deinem Urin vorhanden sein können, wenn Du diese konsumiert hast.

- Kleine Mengen von Blutprotein.

- Abgestorbene Zellen, Schleim von Deiner Blase und Harnstoffe.

- Bei Männern auch Samenspuren, vor allem nach sexueller Aktivität.

- Spurenmengen von Hormonen, unter anderen auch Geschlechtshormone.

Urin sollte keinen Zucker (Glukose) enthalten, und wenn doch, dann nur in winzigen Mengen. Wenn jemandes Urin spürbar süß ist, außer wenn er oder sie vorher künstlichen Süßstoff konsumiert hat, sollte diese Person unbedingt zum Doktor gehen. Mit Diabetes ist nicht zu spaßen (und der Arzt ist diejenige Person, welcher Du sagen kannst, daß Dein Liebhaber Zucker in Deinem Urin geschmeckt hat. Ärzte haben auch schon davon gehört, und sie erzählen es niemandem).

Urin soll kein Blut enthalten. Falls doch, mußt Du zum Arzt.

6. Wie steht's mit der Sicherheit?

An dieser Stelle sind ein paar Zeilen zum Thema „Safer Sex" nötig. Viele der anschließend beschriebenen Handlungen enthalten das, was im medizinischen Sprachgebrauch als „Austausch von Körperflüssigkeiten" bezeichnet wird. Hat einer der Partner eine ansteckende Krankheit, die dabei übertragen werden könnte, so trägt der andere das Risiko der Ansteckung. Keine der Wassersport-Aktivitäten ist allerdings riskanter als simples, ungeschütztes Vögeln. Am sichersten ist man natürlich in einer vertrauten, monogamen Beziehung, wo beide der Gesundheit des anderen sicher sein können.

Noch etwas Wichtiges: Stecke keine Gegenstände oder Körperteile in die Harnröhre. Die Gefahr einer Infektion ist einfach zu groß. Betrachte diese wunderbare Öffnung als Einbahnstraße!

7. Wie kann ich's anpacken?

Ich habe vorher schon einmal erwähnt, daß unsere Hemmung, Urin zu trinken, einen biologischen Grund hat. Aber unser Vorurteil gegenüber der Berührung ist rein kultureller Art. In einer ganzen Reihe von Kulturen ist der Umgang mit Urin Teil praktischer oder kosmetischer Handlungen.

In Zentralafrika beispielsweise gibt es Völker, die Urin mit Lehm und Asche vermengen, um sich mit diesem Gemisch die Haut zum Schutz vor Insektenstichen einzureiben. Bevor sie „europäisch" beeinflußt wurden, verwendeten manche arktische Völker Urin zur Körperwäsche, vor allem im Winter, weil es dort im Freien zu kalt ist, die Genitalien zu entblößen und weil ungefrorenes Wasser kostbar war. In den Vereinigten Staaten, zur Zeit des Bürgerkrieges, sammelten die Frauen der Konföderierten ihren Urin, um daraus kriegswichtigen Salpeter zu gewinnen. Ich bin sicher, daß dies, nach anfänglichem Naserümpfen, für diese Frauen zur alltäglichen Gewohnheit wurde, die keinerlei Ekel mehr hervorrief.

Der merkwürdigste Uringebrauch, von dem ich bislang gehört habe, wurde im vorchristlichen Skandinavien praktiziert, wo erwachsene Männer einen Trank mit Fliegenpilz-Auszügen konsumierten. Dieser Pilz enthält eine Psycho-Droge, die den Körper durchläuft und mit dem Urin unverändert wieder ausgeschieden wird. Mehrere Jugendliche, die danach den Urin der Erwachsenen tranken, wurden ebenfalls „high". Jeder, der daran denkt, das einmal auszuprobieren, sei nachdrücklich gewarnt. Nicht nur, daß Drogenkonsum in jedem Fall unvernünftig ist, sondern auch die Tatsache, daß Fliegenpilze giftig sind und deshalb die inneren Organe schädigen, spricht eindeutig dagegen. Auch besteht die Gefahr des Verwechselns des Pilzes. Einige Verwandte des Fliegenpilzes befördern Dich direkt ins Jenseits.

Ist Dir das Berühren von Urin immer noch ein wenig unheimlich? Wenn Du wieder mal allein unter der Dusche stehst, pinkle einfach drauflos und halte Deine Hand in den Strahl. Spüre seine angenehme Wärme. Fühle sein sanftes Streicheln auf Deiner Haut. Denke daran, daß Urin vollkommen wasserlöslich ist, sodaß das Duschwasser ihn rückstandsfrei wieder abspült. Falls der Geruch Dich stört, solltest Du eine Stunde vorher eine größere Menge Flüssigkeit zu Dir nehmen oder dusche ganz einfach zu einer Tageszeit, wo Dein Urin ohnehin eine größere Verdünnung aufweist, also nicht morgens (auf das Thema „Verdünnung" werden wir später noch ausführlicher zu sprechen kommen).

Im nächsten Schritt bittest Du Deinen Partner, unter der Dusche zu pinkeln. Vermutlich wird er Dir diesen harmlosen Wunsch kaum abschlagen. Halte Deine Hand in seinen Strahl und genieße seine Wärme. Sag Deinem Partner, wie angenehm das ist. Gemeinsam duschen macht Spaß, deshalb solltet ihr es oft tun. Streichle den Körper Deines Partners und bitte ihn darum, Dich auch zu streicheln. Und liebkost Yoni und Lingam. Macht euch damit vertraut, wie sie sich naß anfühlen. Verwendet nach Möglichkeit kühles Wasser, so spürt ihr die Wärme des Strahls eures Partners noch deutlicher. Wenn euch dies vertraut ist, probiert das Ganze mal bei abgedrehter Dusche. Sobald es vorüber ist, dreht ihr das Wasser wieder auf und spült euch ab.

Wenn ihr dann lockerer geworden seid, könnt ihr versuchen, die Hand direkt auf eures Partners Yoni oder Lingam zu halten, wenn der Strahl gerade fließt. Verreibt die Flüssigkeit über den ganzen Schambereich und leitet sie die Schenkel hinab. Wenn ihr dann an das gegenseitige Berühren des Strahls gewöhnt seid, sollte sich einer von euch in der Badewanne zwischen die Schenkel des anderen legen und sich von ihm direkt auf Bauch, Yoni oder Lingam spritzen lassen. Manch einer kommt augenblicklich zum Orgasmus, wenn er das erste Mal den Strahl seines Partners auf seinen

Geschlechtsorganen spürt. Sollte Dir das passieren, so wirst Du Deinen Partner wohl nicht lange um Stellungstausch bitten müssen, er oder sie wird es sicherlich gerne tun.

Und noch eine spaßige Übung: Wenn ihr wieder mal am Strand seid, lauft hinein ins Wasser, bis es euch an die Hüfte reicht, umarmt euch und laßt es einfach laufen. Die ausströmende Wärme fühlt sich wohlig warm an im kühlen Wasser. Und nicht zu vergessen, wie reizvoll es ist, von Fremden umgeben zu sein, die nicht wissen können, was – wortwörtlich – abläuft.

Eine andere prickelnde Situation ist es, mit seinem Partner im Gewitterregen unterwegs zu sein. Wenn man sich nicht vor dem Blitz fürchtet, kann das sehr romantisch und anregend sein. Nehmt euch gegenseitig in die Arme, um euch zu wärmen. Da eure Kleidung so naß ist, daß die Gefahr einer peinlichen Fleckenbildung im Schritt ausgeschlossen ist, könnt ihr euch ohne weiteres in die Klamotten pinkeln, wenn euch danach ist. Versuche, die Hand Deines Partners zwischen Deine Beine zu führen, und mache das umgekehrt auch bei ihm. Wenn niemand sonst zugegen ist, dann greift euch gegenseitig unter die Kleidung.

Für einen Mann ist es allerdings nicht ganz einfach zu pinkeln, während er erregt ist. Die Frau hat damit oft weniger Probleme. Bitte sie zu pinkeln und streichle dabei ihre Yoni, genau so, wie sie es auch sonst gerne mag.

Beobachtet euch zuhause gegenseitig beim Pinkeln. Seid erfinderisch, wenn es dabei um die Stellungen geht! Sowohl Männer als auch Frauen können aus den unmöglichsten Stellungen heraus immer noch die Schüssel treffen. Wenn ihr im Wald unterwegs seid, begleitet euch gegenseitig, wenn die Blase drückt. Versteck Dich nicht vor Deinem Partner – mache eine Show daraus! Einer Frau beim Pinkeln zuzusehen, macht viele Männer unheimlich an (Prostituierte waren sich dessen immer schon bewußt – deshalb pinkeln manche gern mal öffentlich, um so potentielle Kunden auf sich aufmerksam zu machen). Selbst wenn Du möglicherweise nie über die hier beschriebenen Aktionen hinausgehen wirst, so sind sie doch sehr erregend und können als Vorspiel zu leidenschaftlichem Sex eingesetzt werden.

8. Wie kann ich meinen Partner überzeugen?

Jetzt denkst Du vielleicht, daß Du schon ganz unbefangen mit dem Gedanken an Pinkelspiele umgehen kannst, glaubst aber nicht, daß Du Deinen Partner jemals davon überzeugen kannst. Wie könntest Du's einfädeln?

Ich kann Dir nur sagen, wie ich es gemacht habe: Warte einen intimen, aber lockeren Moment ab. Sage Deinem Partner, wie gerne Du ihn streichelst. Sage ihm, welche Körperteile Du besonders gern berührst. Berühre diese ganz sanft. Ermutige ihn, von seinen Wünschen und Träumen zu erzählen. Sieh zu, daß er Dir eine seiner geheimen Fantasien preisgibt. Was immer das auch sei, versuche, Dich dadurch anregen zu lassen. Und wenn Dir das echten Spaß bereiten könnte, zögere nicht, es zu sagen. Teile Deinem Partner mit, wie sehr Du seinen Lingam oder seine Yoni liebst und daß Du zuweilen an nichts anderes mehr denken kannst. Dies ist ein günstiger Moment, sie zu küssen oder zu lecken oder zu saugen oder am besten alles zusammen. Sage Deinem Partner, daß Du alles an seinem Geschlechtsorgan liebst – und daß alles daran Dich erregt. Sogar das Wasser, das daraus hervorquillt, erregt Dich. Erwähne, daß Du vielleicht irgendwann ein wenig näher daran hinkommen möchtest, um es zu berühren oder vielleicht gar zu schmecken. Und umschreibe das Vorhaben mit „vielleicht", „irgendwann". Denn Du möchtest ja nicht drängen.

Wenn Dein Partner zögert, mache mit Oralsex weiter. Sage Deinem Partner, wie gerne Du es ihm mit dem Mund machst. Sage ihm, daß Du es vor allem deshalb gern machst, weil es ihm Spaß bereitet. Sage ihm, daß es Dir mit ihm soviel Spaß macht, daß Du es sogar tun würdest, während sein Brunnen fließt. Sobald Dir Dein Partner sagt oder durch körperliche Reaktion anzeigt, daß ihm Dein Vorschlag nicht so ganz behagt, wechsle das Thema. Umarme ihn, küsse ihn und knabbere Öhrchen. Sieh zu, daß er sich wieder wohlfühlt. Einfühlsamkeit ist wirkungsvoller als massives Vorgehen.

Wenn Du das alles probiert hast und trotzdem keinen merklichen Erfolg erzielt hast, laß das Thema einige Wochen oder Monate ruhen, dann versuche es nochmal auf die gleiche Weise. Du könntest nämlich weiter gekommen sein, als Du denkst! Dein Partner braucht vielleicht einfach nur ein wenig mehr Zeit, um sich an die neue Idee zu gewöhnen. Gib der Angelegenheit all die Zeit, die sie benötigt.

9. Was ist mit dem Geruch?

Du kannst die Intensität des Geruchs Deines Urins durch Beeinflussung der Konzentration kontrollieren. Verdünnter Urin riecht weniger als konzentrierter Urin. Stark verdünnter Urin hat überhaupt keinen Geruch (und auch keinen Geschmack) mehr. Wenn Du viele Mineralien in Deinem Hahnenwasser hast und Dein/Deine Partner/in etwas mit einer guten Mineralbalance, wie z.B. Fruchtsaft getrunken hat, findest Du vielleicht sogar, daß verdünnter Urin einen angenehmeren Geschmack hat, als Dein Hahnenwasser.

Eine Strategie, um eine angenehmere Pisse zu erreichen, ist es, weniger von dem Zeug zu konsumieren, was sie riechen läßt. Wenn Du nicht gerade am Verhungern bist, ißt Du wahrscheinlich viel mehr Protein, als Du brauchst. Der überflüssige Teil wird verwandelt (verbrannt für Energie). Der Geruch und die Farbe des Urins kommen von den Nebenprodukten der Proteinverwandlung. Wenn Du in Deinem Essens hohe Konzentrationen von Protein vermeidest, wirst Du den Geruch Deines Urins reduzieren. Solches Essen umfaßt Fleisch, Fisch, Molkereiprodukte und Eier. Sogar einige Gemüse haben hohe Proteinkonzentrationen – Erbsen, Bohnen, Linsen und Erdnüsse. Für einige mag eine Reduktion dieser Nahrung keine attraktive Lösung sein. Wenn dies auch bei Dir der Fall ist, dann konzentriere Dich auf die Verdünnung.

Um Deinen Urin zu verdünnen, mußt Du eine große Menge Flüssigkeit trinken (aber das wußtest Du ja sicher schon). Gesunde Nieren sind sehr leistungsfähig und können das überflüssige Wasser so schnell ausfiltern, wie es Dein Verdauungssystem aufnehmen kann. Überflüssiges Wasser durch Deinen Körper zu pumpen, hat übrigens auch eine reinigende Wirkung.

Noch ein paar Tipps: Du hast vielleicht schon festgestellt, daß Deine Nieren zu gewissen Tageszeiten mehr Wasser ausscheiden als zu anderen Zeiten. Versuche Deine Zeiten, wann Du trinkst und wann Du Liebe machst, mit Deinem täglichen Rhythmus abzustimmen. Vermeide es, in den Stunden, bevor Du Liebe machst, anstrengende Tätigkeiten zu verrichten oder viel Zeit in der heißen Sonne zu verbringen (d.h. vermeide zu schwitzen). Vermeide auch Salz in diesen Stunden – und iß keine Spargel!

Dann ist da natürlich noch die Frage „was soll ich trinken?". Wasser ist gut, aber es wird langweilig. Hier sind einige Ideen für andere Getränke. Fruchtsaft hat einen großartigen Geschmack und Du kannst eine große Menge trinken ohne irgendwelche negativen Nebenwirkungen. Wenn Du einen Nachmittag der Liebesspiele planst, überlege Dir, ob Du nicht mehrere Tüten mit Saft von Zitrusfrüchten kaufen und vorher ein Saft- und Trinkgelage mit Deinem/r Liebhaber/in veranstalten willst. Sportgetränke wie Gatorade sind auch gut. Ich selber habe eine Vorliebe für Wasser-Fruchteis. Jedes davon ergibt etwa 0,15 l Wasser. Vermeide aber Gemüesäfte wie Tomatensaft. Diese enthalten zu viel Salz. Auch Suppen enthalten eine Menge Salz.

Light Getränke sind gut für diesen Zweck, aber einige von ihnen enthalten Koffein (und vergiß nicht, daß der Süßstoff Deinen Urin süßen wird). Ich empfehle kein siruparetiges Getränk wie Coca-Cola. In den Mengen, die Du trinken mußt, enthält das Zeug viel zu viel Zucker. Der Zucker trägt auch dazu bei, daß Dein Körper einen Teil des Wassers zurückhält. Zudem macht er Dich schläfrig und träge.

Was das Koffein betrifft, so ist dieses ein mildes Abführmittel und für einige ist es auch ein mildes Aphrodisiakum. Zu viel davon macht Dich nervös, vor allem wenn Du nicht daran gewöhnt bist. Wenn Du ein Kaffeetrinker bist, berücksichtige, wie viele Tassen Kaffee Du normalerweise verträgst, bevor Du Dich wegen des

Koffeins unbequem fühlst. Diese Menge solltest Du nicht überschreiten. Zum Vergleich: Drei Büchsen Diät-Pepsi enthalten ungefähr dieselbe Menge Koffein wie eine Tasse Kaffee. Diät-Pepsi ist typisch für koffeinhaltige Getränke. Wenn Du Kaffee trinkst, um Deinen Urin zu verdünnen, dann wechsle nach ein paar Tassen zu koffeinfreiem Kaffee.

Dann ist da noch die Frage nach dem Alkohol. Falls Du Deinen Urin mit einem alkoholischen Getränk verdünnen willst, eignet sich Bier am besten. Eine kleine Menge Alkohol kann nützlich sein, um Hemmungen gegenüber dem abzubauen, was Du planst zu tun. Aber größere Mengen von Alkohol lenken vom sexuellen Vergnügen und Vermögen ab. Nach mehreren Bieren, wechselst Du deshalb besser zu alkoholfreien Getränken. Wenn Du Bier liebst, kannst Du ja mit einem alkoholfreien Gebräu auffüllen.

Und wie viel Flüssigkeit solltest Du trinken? Ich trinke gerne viel und lasse meine Liebhaber/in dasselbe tun. Während dem Liebesspiel will ich mir nicht Sorgen über die Menge der noch zur Verfügung stehenden Flüssigkeit machen. Ich will mich frei fühlen, Wasser zu lassen, wann immer es mich gelüstet, wissend, daß bald mehr kommen wird.

Wenn Du drei Liter Flüssigkeit konsumierst, wirst Du nach ungefähr 45 Minuten zum ersten Mal den Drang verspüren, und danach etwa alle 15 bis 20 Minuten für mehrere Stunden. Drei Liter sind natürlich eine Menge zu trinken. Stattdessen kannst Du auch alle 5 bis 10 Minuten 0,3 bis 0,4 Liter trinken. Und wenn die Dinge mal zu fließen beginnen, kannst Du während des Liebesspieles mit Trinken weiterfahren, um das Vergnügen stundenlang zu verlängern.

Wenn Du so viel Flüssigkeit trinkst, wird der Geruch und Geschmack Deines Urins wie Wasser sein, obwohl er etwas vom Geschmack dessen, was Du getrunken hast, behalten wird. Wenn der

Urin Deines/r Liebhaber/in so verdünnt ist, wirst Du ihn wahrscheinlich trinken wollen; dies schadet nicht.

Falls Du etwas wirklich Exotisches probieren willst, dann trinke Du oder Dein/e Partner/in ein bißchen Kölnischwasser (trink aber keine Parfums auf Ölbasis!) und siehe, was dies in Deinem Urin bewirkt. Da Kölnischwasserhersteller wissen, daß Alkoholiker ihre Produkte trinken, sind diese ungiftig (prüfe aber zur Sicherheit allfällige Warnaufschriften auf der Flasche). Vergiß nicht, daß Kölnischwasser Alkohol enthalten, und daß sie teurer sind als Deine üblichen Getränke.

(Naja, ob das jetzt die richtige Methode ist, Pipi nach Rosen duften zu lassen? Lost Angel)

Eine letzte Bemerkung: Verwende kein starkes Entwässerungsmittel als Teil von Deinen Sexspielen. Diese können Dich ausgetrocknet und unbequem fühlend machen und schaden Deiner Gesundheit.

10. Was geschieht mit der Unordnung?

Jetzt, da Du weißt, wie harmlos Dein Körperbrunnen ist, kann nur noch eines gegen den Wassersport gesagt werden, nämlich: wenn es vorüber ist, ist es noch nicht wirklich vorüber. Jetzt bleibt noch, die Unordnung aufzuräumen.

Die einfachste Antwort darauf ist, daß Du Deine Aktivitäten auf eine Umgebung beschränkst, in welcher Du keine Unordnung hinterläßt. Dies umfaßt Dinge, die Du in der Dusche oder im Bad, in der Privatsphäre Deines eigenen Swimming-Pools oder an einem verlassenen Strandstück tun kannst. In diesen Situationen kannst Du nackt gehen, Dein Vergnügen haben, Dich abwaschen, anziehen und den Rest der Natur oder den Sanitäreinrichtungen Deines Hauses überlassen.

Badezimmer sind natürlich nicht gerade der komfortabelste Ort für Liebesspiele, und der Sand am Strand kann erotische Berührungen zu einer schmerzvollen Angelegenheit machen. Der beste Ort für das Liebesspiel ist immer noch ein Bett. Aber wenn das Liebesspiel von euch Zweien sechs Liter Flüssigkeit in Deiner Matratze hinterläßt, überlegst Du es Dir wahrscheinlich zweimal, bevor Du den Hahn im Bett öffnest.

Mit ein bißchen Vorbereitung kannst Du aber Deine Vergnügen haben und trotzdem in einem trockenen Bett schlafen. Geh in einen Supermarkt und kaufe mehrere Duschvorhänge aus Plastik. Zieh die Laken von Deinem Bett und lege den Duschvorhang über die Matratze. Falls Du eine sehr große Matratze hast, kannst Du auch zwei Lagen von Duschvorhängen mit den Säumen gegeneinander versetzt übereinanderlegen. Achte darauf, daß sich die Vorhänge genügend überlappen.

54

Hol jetzt einige alte Handtücher oder Badematten. Lege diese auf die Matratze, an die Stelle, wo Du denkst, daß das Gewicht von Dir und Deinem/er Liebhaber/in meistens sein wird. Diese werden verhindern, daß große Pfützen entstehen. Darüber ziehst Du jetzt wieder ein Leintuch, laß aber das Oberleintuch und die Wolldecke weg. Nimm die Kissen aus den Kissenanzügen und stecke sie in Plastik-Kehrichtsäcke. Dann wieder die Kissenanzüge darüber.

Du mußt auch sicherstellen, daß Du noch ein trockenes Leintuch und Kissenanzüge für nachher hast. Lege auch ein paar Plastik-Kehrichtsäcke bereit, damit Du nachher die nasse Wäsche hineintun kannst.

Jetzt bist Du bereit, so naß zu sein, wie Du es gerne möchtest und anschließend hast Du trotzdem sehr schnell wieder ein trockenes Bett.

Noch etwas mußt Du Dir überlegen, bevor Du mit den Wasserspielen im Bett beginnst, und zwar wegen der Temperatur und der Feuchtigkeit. Es ist kein Vergnügen, es kalt zu haben. Im Bad oder unter der Dusche kannst Du die Temperatur des Wassers einfach kontrollieren, damit Du Dich wohl fühlst. Aber im Bett wirst Du keine Decken haben und Du wirst höchstwahrscheinlich naß sein. Wenn Du in einem kalten Klima lebst, wirst Du Dein Vergnügen entweder auf die Sommerzeit beschränken, oder Du wirst die Heizung etwas hochdrehen müssen. Die Lufttemperatur sollte mindestens 27° C betragen. Überlege Dir auch, ob Du nicht einen elektrischen Zimmerheizofen kaufen willst, wenn Du nicht in der kalten Jahreszeit das ganze Haus überheizen willst. Wenn es draußen kalt ist, brauchst Du auch einen Luftbefeuchter, sonst werdet ihr zwei die Luft befeuchten und mit dem Verdampfen von Körperfeuchtigkeit werdet ihr frieren.

Wenn es andererseits in Deinem Schlafzimmer zu heiß und zu feucht ist, kann es euch auch um euer Vergnügen bringen. Du wirst den warmen Strom Deines/er Liebhabers/in als zu heiß empfinden. Ein Deckenventilator über dem Bett kann hier sehr hilfreich sein – oder auch ein Becken mit kaltem Wasser, mit dem ihr euch gegenseitig ab und zu bespritzen könnt. Eine Klimaanlage ist natürlich ideal, aber Du darfst sie nur auf niedriger Stufe laufen lassen, sonst habt ihr es beide kalt.

Falls Du irgendein elektrisches Spielzeug verwendest (Vibratoren und dergleichen), vergewissere Dich, daß diese für Sexspiele vorgesehen sind. Diese werden auch naß werden, wie alles andere. Echte Sexspielzeuge sind so konstruiert, daß sie naß werden dürfen. Verwende ausschließlich batteriebetriebene Geräte – niemals irgendeines, welches seinen Saft aus der Steckdose bezieht!

11. Wie werden wir intim?

Hast Du direkt zu diesem Abschnitt geblättert? Das ist schon in Ordnung, aber lies den Rest bei Gelegenheit auch noch...

Du willst also wissen, was für vergnügliche Dinge ihr tun könnt, wenn ihr Lingam und Yoni als Wasserspielzeuge gebraucht. Hier sind einige Aktivitäten, die ihr im Bett machen könnt. All diese funktionieren am besten, wenn Deine Nieren viel Arbeit haben, also, zuerst viel trinken. Männer mögen teilweise auch erst mal abspritzen müssen, bevor ihre sexuelle Spannung genügend nachgelassen hat, um ihren Strom frei fließen lassen zu können.

Doktorspiele

Setzt euch mit gespreizten Beinen gegenüber. Sobald einer von Euch den Drang verspürt, einfach laufen lassen. Der andere schaut zu und berührt ihn. Vorgeben, wieder Kinder zu sein, kann diesem Spiel zusätzlichen Reiz verleihen.

Naß-Massage

Dazu braucht ihr ein Gleitmittel. Laß Deine/n Liebhaber/in sich im Bett auf den Bauch (oder den Rücken, je nach Belieben) legen. Knie rittlings über dem Kreuz Deines/er Liebhabers/in. Schmiere ein bißchen Gleitmittel auf Deine Hände.

Jetzt pinkelst Du auf den Rücken Deines/er Liebhabers/in und beginnst es einzureiben. Füge mehr Gleitmittel hinzu, sobald es dies braucht, damit alles schön schlüpfrig bleibt (viel wirst Du gar nicht brauchen, da Deine Pisse natürlich viel schlüpfriger ist als Wasser).

Bewege Dich. Verteile Deinen Strom auf- und abwärts über Nacken, Rücken und Hinterbacken Deines/er Liebhabers/in. Verwende die von Deinem/er Liebhaber/in bevorzugten Massagetechniken.

Dieses Spielchen funktioniert am besten, wenn Du lernst, Deinen Strom zu kontrollieren, das heißt, wenn Du ihn nach Belieben an- und abschalten kannst. Dann kannst Du ein wenig pinkeln und viel einreiben, dann etwas mehr pinkeln und wieder einreiben und so weiter. Diese Tätigkeit ist sowohl für den Spender wie auch für den Empfänger ein Vergnügen, wie übrigens die meisten hier beschriebenen.

Nasse Umarmung

Einfach nur das Bett zu nässen, mag erregend sein, wenn Du es das erste Mal absichtlich tust. Es zu tun, während ihr euch eng umschlingt, ist ein ganz spezielles Vergnügen. Umarmungen können, anders als gewisse andere Sexspiele, beliebig lange dauern, und die ganze Zeit über bist Du völlig entspannt.

Löffelartige Umarmung, bei der der Mann hinten ist, ist am besten geeignet, um die Nässe zu genießen. Liegt einfach zusammen da, und wann immer einer oder beide von euch den Drang fühlen, laßt es fließen. Lingam und Yoni sind perfekt positioniert, um die sanfte Berührung zu fühlen, welche der Brunnen des anderen Dir bringt.

Die etwas mehr Abenteuerlustigen liegen in einer seitlichen 69er-Stellung. Jeder liebkost mit Händen und Nase die Genitalien des andern. Wann immer Deine Blase Dir das Signal sendet, entspannst Du Dich und reagierst darauf. Wenn der Strom Deines/er Liebhabers/in in Dein Gesicht rauscht, so genieße es und intensiviere Deine Liebkosungen sogar noch.

Goldene Dusche

Dazu kniet, liegt oder steht der eine Partner, während der andere über ihn oder sie pinkelt. Auch hier ist jede erdenkliche Position ein Genuß. Wenn ihr Dominanz- und Unterwerfungsspiele liebt, dann paßt diese Tätigkeit sehr gut dazu. Es ist auch ein Vergnügen den Lingam resp. die Yoni Deines Partners direkt auf die Stelle zu küssen, wo der Wasserfall entspringt.

Wettpissen

Einfach nur so zum Plausch (und wieso sollte Sex nicht lustig sein?) versuche mit Deinem/er Partner/in im Wettstreit höher, weiter oder exakter zu pissen. Und Männer, seid auf eine Niederlage gefaßt. Wenn die Frauen erst mal einige simple Tricks herausgefunden haben, werdet ihr feststellen, daß sie das einfachere Werkzeug haben.

Das Baby wird gewaschen

Dies macht man am besten in der Badewanne. Einer von euch spielt den Elternteil, der andere spielt das Baby. Der Elternteil reibt das Baby mit Seife ein und verwendet anstelle von Wasser seine eigene Flüssigkeit. Wenn das Baby völlig ungehemmt ist und der Elternteil genügend Flüssigkeit hat, so kann er den ganzen Körper des Babys waschen, inklusive Kopf und Gesicht (passe auf, daß keine Seife in die Augen gelangt). Nach dem Einreiben kannst Du mit der Dusche alles abspülen.

Nilkatarakt (für sie)

Die Frau liegt auf ihrem Rücken, die Beine gespreizt. Der Mann steht oder kniet zwischen ihren Oberschenkeln. Der Mann pinkelt so stark wie möglich und richtet dabei seinen Strom auf die Klitoris der Frau. Der Mann muß sich konzentrieren, daß er keinen Ständer kriegt, damit sein Strom für die Frau so stimulierend wie möglich ist. Die Frau genießt einfach und berührt ihre Yoni, falls sie Lust dazu hat. Probiere stehend oder kniend zu experimentieren, verschiedene Frauen haben unterschiedliche Vorlieben über die Höhe, aus welcher der Strom kommen sollte.

Baumstamm im Amazonas (für ihn)

Diesmal liegt der Mann auf dem Rücken. Die Frau kauert über seinem Lingam. Sie liebt es vielleicht, ihn mit der Hand zu stimulieren, bevor der Hauptakt beginnt. Wenn er schön erregt und erigiert ist, pinkelt sie hart auf seinen Lingam, indem sie ihren Strom auf und ab bewegt und die ganze Länge von seinem Schaft bepinkelt. Die Frau sollte sich nicht darum kümmern, ob sie ihn damit zum Abspritzen bringt oder nicht. Er wird es so oder so genießen.

Hier eine Bemerkung: Viele finden, daß der Empfänger bei beiden der zuletzt beschriebenen Aktivitäten das Gefühl intensiver erlebt, wenn zuerst das Schamhaar rasiert wird. Ich weiß, daß viele Männer wegen ihren Schamhaaren einen Samson-Komplex haben, aber überlege es Dir trotzdem irgendein Mal. Die Haut über Deinem Schamknochen ist sehr empfindsam.

Der Brunnen der Venus (für sie)

Dazu gibt es mehrere mögliche Positionen. Ich beschreibe die einfachste und Du kannst dann von da aus variieren. Die Frau wartet, bis sich ihre Blase bis zur Grenze des Erträglichen gefüllt hat. Dann liegt sie auf ihren Rücken mit gespreizten Beinen. Ihr Partner kniet oder liegt zwischen ihren Oberschenkeln mit dem Gesicht zur Yoni. Dann beginnt er ihre Yoni auf die übliche Art zu lecken und konzentriert sich vor allem auf die empfindsame Stelle direkt unter ihrer Klitoris. Die Frau muß ihren Strom zurückhalten bis zum Orgasmus. An diesem Punkt angelangt, können viele Frauen nicht mehr zurückhalten und lassen ungewollt den Strom fließen. Ihr Partner soll jetzt weiter lecken und die Geräusche und ihr Gestöhn genießen, sowie auch das Gefühl ihrer Yoni, die sich auf seine Zunge ergießt; falls es ihm gefällt, kann er auch davon trinken. Die Frau soll ruhig weiter pinkeln, bis sie völlig leer ist.

Einige Frauen halten diesen Orgasmus für den intensivsten, den sie je erlebt haben. Dies kann für sie so stimulierend sein, daß sie in den ein bis zwei folgenden Tagen jedesmal gleich wieder kommen, wenn sie pinkeln, weil es eine Erinnerung an dieses schöne Erlebnis auslöst. Männer, laßt eure Frauen diese Freude genießen!

Die Eiche wässern (für ihn)

Die Frau wartet, bis ihre Blase voll ist. Das Paar bereitet sich für den Geschlechtsakt vor. Der Mann liegt auf seinem Rücken und die Frau kauert über ihm. Sie führt seinen Lingam in ihre Yoni, beginnt aber nicht zu pumpen. Anstelle dessen kauert sie sich so hin, daß es für sie möglichst bequem ist. Dann pinkelt sie.

Dies braucht etwas Übung, weil der Lingam des Mannes Druck auf die Harnröhre der Frau ausübt. Die Frau muß sich konzentrieren und sich so positionieren, daß der Druck auf ihre Harnröhre möglichst gering ist. Auch so wird sie es kaum schaffen, einen guten Strom laufen zu lassen. Vielleicht geht es auch besser, wenn sie den Lingam nicht ganz hinein steckt. Für den Mann macht es wahrscheinlich gar keinen Unterschied. Sobald ihr Strom zu fließen beginnt, wird er vermutlich sowieso sofort abspritzen.

Die Höhle fluten

Für dieses Spiel muß die Blase des Mannes voll sein und er muß kürzlich abgespritzt haben. Deswegen wird der Mann wahrscheinlich nicht eine volle Erektion aufrecht erhalten können. Aus diesem Grund ist ein Eindringen von hinten empfehlenswert (beide Partner liegen auf der Seite, in einer löffelartigen Stellung). Dies ist die einfachste Position, in welcher ein nicht ganz steifer Lingam in einer Yoni gehalten werden kann.

Etwas Gleitmittel hilft, einen nicht ganz erigierten Lingam einzuführen. Einmal drin, pinkelt er in ihr drin. Dies ist nicht ganz einfach und braucht etwas Konzentration auf der Seite des Mannes. Mit etwas Übung wird es aber immer besser gehen.

Die Natur widersetzt sich dem Ansinnen, daß der Mann seinen eigenen Samen aus der Yoni der Frau spült. Die ersten paar Male, die ein Mann dies versucht, findet er seine Blase vermutlich völlig verschlossen. Die Natur trachtet nach einer Schwangerschaft, und dieses Spielchen ist kein Mittel zu diesem Zweck. Wenn dies geschieht, einfach entspannen und warten. Schlußendlich wird Deine Blase so voll sein, daß sie gewinnt.

Die Yoni kann eventuell den Lingam versiegeln, was dazu führt, daß sie aufgebläht wird. Wenn sie genügend aufgebläht ist, beginnt das Siegel undicht zu werden oder gar in einem Strahl herauszuströmen, was für beide Partner sehr angenehm ist. Falls sie sich aber schon vorher unbequem fühlen sollte, reicht es einen Finger einzuführen, und die ganze Flüssigkeit wird herausschwappen. Das Gefühl ist für beide Partner großartig. Für die Frau, weil sie Tätigkeit in sich drin fühlt und weil sich der Lingam ihres Mannes größer anfühlt, als er wirklich ist. Für den Mann, der vielleicht noch eine ganze Weile auf die nächste Erektion warten muß, ist dies eine Ersatz-Ejakulation – er fühlt das wunderbare Empfinden in seine Frau hineinzufließen. Und es dauert noch viel länger als eine richtige Ejakulation.

Die speiende Schlange

Dies ist das Gegenstück zum Brunnen der Venus. Der Mann wartet, bis seine Blase ist voll. Dann reibt er seinen Lingam über das Gesicht seiner Partnerin. Wenn die Partnerin bereit ist, öffnet sie ihren Mund und nimmt eventuell sogar seinen Lingam in den Mund. Er pinkelt, sowie er den Drang dazu verspürt. Sie küßt die Spitze von seinem Lingam und genießt das Gefühl, das sein Strom auf ihren Lippen und ihrer Zunge hervorruft.

Phantasien

Mach Dir Deine Phantasien, während Du am Spielen bist. Meine bevorzugte Vorstellung ist, daß ich ein König bin, der mit dem Tode bedroht wird. Ich habe panische Angst davor, vergiftet zu werden, so daß ich nichts trinke, was nicht zuvor durch eine meiner Sklavinnen gefiltert worden ist. Am meisten Vergnügen bietet es natürlich, direkt vom Hahn zu trinken. Aber ich hoffe, daß Du Deine eigenen Phantasien entwickelst, welche besser auf Dich zugeschnitten sind. Benutzer Deine Vorstellungskraft!

Selbstbepinkelung

Dies ist das Wassersport-Äquivalent zur Masturbation. Du hast vielleicht Lust darauf, weil Du vorübergehend von Deinem/er Partner/in getrennt bist und Du das Gefühl des Stroms Deines Partners im Gesicht vermißt. Oder Du kannst es auch zur Unterhaltung (und Erregung) Deines/er Partners/in tun, wenn ihr zusammen seid.

Der Haupttrick dabei ist, die Schwerkraft für Dich arbeiten zu lassen, was bedeutet, daß Du Dich kopfunter positionieren mußt. Die beste Art, dies zu erreichen ist, indem Du Dich auf Deine Schultern zurück liegst und Deine Beine und den Rücken gegen eine Wand abstützt. Wenn Dein/e Partner/in da ist, kann er oder sie anstelle der Wand Deine Beine stützen. Wenn Du geschmeidig bist, geht's auch besser. Mit ein bißchen Anstrengung kannst Du Deine Genitalien direkt über Deinem Gesicht positionieren. Wenn Dein Rücken und Deine Kniekehlen sehr beweglich sind, kannst Du auch stehen bleiben und Deinen Kopf hinunter beugen, bis er zwischen Deinen Beinen ist. Männer haben hier einen Vorteil gegenüber den Frauen, weil sie besser zielen können. Wenn die Partnerin dabei ist, so ist eine schöne Variation dazu, daß man ihr das Vergnügen überlassen kann, mit Deinem Werkzeug den Strom dahin zu lenken, wohin es ihr beliebt.

Es in Kleidern tun

Es gibt eine Reihe von Leuten, welche es lieben, sich selber in Kleidern zu nässen. Badeanzüge sind dafür am besten geeignet, weil sie aus Material gemacht sind, das naß getragen werden kann und welches das Wasser leicht durchlassen.

Es ist wirklich ein großes Vergnügen mit dem/r Partner/in an einem öffentlichen Strand zu sitzen, Bier (oder sonst was) zu trinken, durch den Badeanzug in den Sand zu pinkeln und keiner der Umgebenden merkt etwas davon. Aber Du kannst natürlich auch normale Kleider nässen; sie werden das überleben und nach einem Durchgang durch die Waschmaschine sind sie wieder wie neu.

Versuche Folgendes: Knie vor Deinem/er stehenden, angezogenen Partner/in. Preß Dein Gesicht an den Schoß Deines/er Partners/in und laß ihn/sie die Kleider nässen. Eine besonders erregende Variante für viele Männer ist es, wenn ihre Frau einen Rock oder ein Kleid anzieht, mit oder ohne Unterhose, und dann stehend pinkelt, während sie den Rocksaum hebt. Eine so angezogene Frau kann sich auch auf den Schoß des ebenfalls bekleideten Mannes setzen, das Ventil zwischen ihren Beinen öffnen und ihn so ganz wild machen, indem ihre Flüssigkeit ihn durch seine Hose hindurch tränkt. Slips, welche im Schritt offen sind (die gibt's in jedem Sexladen) sind dafür auch sehr gut geeignet.

Ein Mann kann auch mal freudig überrascht werden, wenn er nach Hause kommt und ihn seine Frau noch unter der Türe bittet (oder ihm befiehlt), gleich niederzuknien und seinen Kopf unter ihr Kleid zwischen ihre Beine zu stecken und sie zu lecken und sie dann seinen Durst mit ihrem Wasserfall löscht. Einige Leute genießen es auch, spezielle Blasenkontroll-Unterwäsche (d.h. Windeln für Erwachsene) zu tragen und diese zu nässen. Dies hat den Vorteil, daß man sich an jedem beliebigen öffentlichen Ort nässen kann. Du kannst eine solche Windel auch mit einem Handtuch improvisieren.

Und da gibt's noch viel mehr

Welche Variationen des nassen Vergnügens Du Dir auch immer ausdenken kannst, die sind alle in Ordnung, so lange sie für beide Partner angenehm sind und niemand dabei verletzt wird. Ich schließe mit denselben Gedanken, mit welchen ich dieses Handbuch begann. Was immer Du tust, denke daran, sexuelles Vergnügen fließt nicht zwischen den Genitalien, sondern zwischen den Herzen. Bleibt gesund, spielt fair, und um Gottes willen: Vergnügt euch!

♦ *Hartley*

Nachwort

Die meisten Kapitel dieses Ratgebers stammen im Gegensatz zu den Erählungen meines ersten Buchs aus meiner eigenen Feder. Das „Wassersport-Trainings-Manual" von Hartley hätte durch ein Umschreiben allerdings viel seines Charmes verloren und wurde deshalb möglichst unverändert übernommen, so wie es vor nun schon einigen Jahren übersetzt wurde.

Viel Mühe habe ich mir gegeben, dieses Buch in der „alten", leider fast vergessenen Rechtschreibung zu verfassen. Ich mag die neue Rechtschreibung nicht, sie ist inkonsequent und häßlich, und gerade wenn es um das zarte, süße Zischen geht, das Thema dieses Buches ist, ist die alte Rechtschreibung einfach lieblicher: Eine *Pißleidenschaft* erscheint einfach fordernder, sprühender und doch sanfter als eine *Pissleidenschaft*. Mit dem Doppel-s an diesen sensiblen Stellen werden Pipi-Texte härter, werden von einem hilfreichen Ratgeber zu Piss-Porno, und damit zu genau dem, das ich noch nie mochte. Für mich sind Pipi-Spiele – ob aus Not, Lust oder Berechnung, ob auf nackter Haut, in zarter Wäsche oder in kuschligen Decken – stets etwas Erotisches, Zärtliches, und kein Porno. Etwas, das man nur mit ganz besonderen Menschen teilen will und wird. Das noch viel intimer und schöner ist als der Standard-Sex.

Dieses Buch soll Wärme spenden – und damit ist nicht nur die feuchte, erregend duftende Wärme gemeint, die sein Thema ist, sondern auch die menschliche Wärme, die die Herzen wärmt.

Ich hoffe, es bleibt nicht beim Lesen – dies ist ein Mitmachbuch, es soll nicht nur passiv konsumiert werden wie eine schlechte Fernsehsendung, sondern dem Nachspielen und Experimentieren dienen.

Falls Sie noch nicht genug gelesen haben und mehr über die feuchte Kunst des Wassersports in allen seinen Variationen erfahren wollen, dann können Sie auch eins meiner anderen Bücher erwerben oder mich im Internet besuchen:

http://www.lostangel.ws

♦ *Lost Angel*